その薬、
ジェネリック
でいいですか？

お医者さんにもらった薬がわかる本

薬剤師・薬情報コンサルタント　関口詩乃

Discover

はじめに　最良の選択をするために

はじめまして。薬剤師・薬情報コンサルタントの関口詩乃です。

製薬メーカーや医薬品卸の会社に約20年勤め、開発から販売後のフォローまですべてのフェーズに関わった経歴を活かして、現在は薬に関するあらゆる情報を一般の方々向けにわかりやすくお伝えする仕事をしています。


さて、この本を手に取ったあなたは、自分やあなたの大切な人が飲む「薬」について、漠然とした不安や不満があるのではないでしょうか。

つまり、自分やあなたの大事な人が飲む「薬」について、何らかの不安や不信、不満がある——。そんな「モヤっとした気持ち」を抱えている方に向けて書いたものです。

まずは次のチェックリストをやってみてください。

□薬を飲むのは、なんとなく良くない気がする
□頭が痛かったり調子が悪かったりするときでも、「薬を飲まないほうがいいのかな」と思い、我慢して、結局悪化してしまう
□病院で薬を処方されたが、この薬を飲んで大丈夫なのかと不安になる
□糖尿病や高血圧などの慢性疾患で、病院で処方された薬をずっと飲んでいるが、「飲み続けて大丈夫なのか」「いつまで飲み続けなければならないの？」と、心のどこかでいつも不安だ
□家族が何かというとすぐに薬を飲むが、薬に頼ってばかりで心配だ
□子どもが風邪をひいて病院に行ったら、何種類も薬を出された。副作用が心配なんだけど、飲ませるしかないのかしら？
□病院に行くと処方される薬がいつもジェネリックと書いてあるんだけど、本当のところ、どうなんだろう？

1つも当てはまらないという方は、まずいないのではないでしょうか。

実際のところ、「なんとなく怖い」「薬って危ないのかもしれない」と不安に思いつつ、お金を払って薬を飲んでいる方が大多数なのです。

そして、薬を飲むうえで、この不安感は、非常にやっかいです。

- **薬の効果を信じられない**
- **何が不安かわからないから、薬剤師や医師に質問できない**
- **薬を飲むことになんとなく後ろめたさがある**
- **薬を飲むたびに、自分は病気なんだと落ち込む**

「薬剤師として知り得た薬の情報を伝えること」を専門とする私にとって、「どうしたら、その人に合った薬を、納得して使ってもらえるのか」というのは永遠のテーマでもあります。

「薬なんて医者にまかせておけばいいんだから考える必要はない」というような

意見も、今の時代、ちょっと違うと思います。

一方、最近、本屋さんで健康や実用書の棚によく並んでいる「薬は危ない・怖い」「薬は飲んではいけない」というような嫌薬系の書籍はあまりに極端で現実に即していません。

「盲信」でもなく、「拒絶」でもない、「ちょうどいい」薬との付き合い方をお伝えしたい。

あなたが薬の「どこに」「どんな」不安を持っているのか、どんな生活をしてどんな人生を送りたいのかを知ることで、あなたの人生に合った薬を選べるようになってほしい。

そんなことを願ってこの本を書きました。

1章では、どうして薬に不安を感じるのかをひもとき、薬の不安の解消法についてお伝えします。

2章では、自分に合った薬の選び方を、そして3章では病院で必ずといっていいほど処方されるジェネリック（後発医薬品）のメリット・デメリットについて解説します。

4章では、薬に対する不安感の根底にある、薬の危険度・副作用についてお伝えします。

そして5章では、服薬のタイミングや保存期間、ステロイドやロキソニンといったいわゆる強い（ゆえに怖いと言われる）薬など具体的なテーマについて、Q&A方式で解説します。

巻末の特別付録では、風邪薬やせき止め、胃腸薬など「病院でよく処方される薬」14種について先発医薬品・ジェネリック（後発医薬品）ともにわかりやすくお伝えします。

薬というものは、体力がない、免疫力が弱いなど、「生物として弱い個体」であってもしっかりと生き延び、社会生活を送るための手段です。人間が受け継いできた智恵であるとも言えるでしょう。

本書で薬についてのいろいろな疑問や不安を解決することで、自分に合った薬を納得して使ったり、違う方法を探したりできるようになっていただければ幸いです。

関口詩乃

もくじ

第1章

薬はなぜ「不安」なのか

第2章　自分に合った薬の選び方

第3章

ジェネリック医薬品は、だいじょうぶ？

第4章

「薬は危険」は本当か？ 危険度と副作用を知る

第5章

知っておきたい薬の常識Q&A

特別付録

病院でよく処方される薬ガイド

第1章

薬はなぜ「不安」なのか

薬を飲むのは怖いこと⁉

風邪をひいたり、頭が痛かったり、胃もたれがつらいとき、あるいはもっと深刻な病気のとき……そんなとき、医師の処方薬・市販薬を問わず、薬のお世話になることが多いですよね。

でも、体内に取り込む薬について、実は「よくわからないことだらけ」という人も多いのではないでしょうか。

たとえば、あなたは次のようなことを理解していますか？

- **その薬は本当に効果があるのか？**
- **どうやって（どういうメカニズムで）効くのか？**
- **身体への負担や副作用はあるのか？**
- **副作用はどれくらい危ないのか？**

・「自分に」副作用は出るのか？
・副作用が出たら、どうなってしまうのか？

「薬について、どんなことが不安ですか？」

そう聞かれて、そもそも、このような不安を言葉にできず、もやっとした状態で困ってしまう方もいることでしょう。

薬剤師である私は、「何がわからないのか、何が不安なのかもよくわからないけど、薬に対する漠然とした不安や怖さがあるんです」という方に数多く出会います。

そしてわからないこと、不安なことを医師や薬剤師や看護師に聞いてみたけれど、結局、よくわからなかった。説明してもらったが、はっきりした答えがもらえなくてかえって不安になった、という話もよく聞きます。

薬に関する疑問や不安を、どこに、誰に、相談すればいいのかわからない。あるいは医師や薬剤師は忙しそう、怖そうなどの理由で聞けない。または、他の人に聞かれそうなところで質問したくない、という方もいらっしゃいます。

要は、薬に対して、「なんとなく怖い」「なんとなく危ない」と思っている方はとても多いのです。

ですが、この「漠然とした不安や怖さや危なさ」を薬に感じることは、ある意味、当たり前。人間も動物です。自分の心身を大きく変えてしまう、場合によっては命に関わるような物質を体内に取り込むことに対して恐ろしさを感じるのは、身を守るための本能なのでしょう。

一方で、昨今、セルフメディケーション（※世界保健機関（WHO）による定義では、「自分自身の健康に責任を持ち、軽度な身体の不調は自分で手当てすること」）や、「自己責任」という考え方が広まっています。

不摂生をして体調不良になったのだから自己責任だ、とか、体調管理も自分でおこなおう、という考え方ですね。

薬に対する不安は消えなくて、体調不良は「自己責任」だと言われて、それでも、病気になれば病院や薬局で勧められた薬を飲むしかない。

結局、不安でも、これを飲むしかないと思って薬を飲む――そんな不毛なことが繰り返されているわけです。

薬は飲むな！
嫌薬系情報が流行る本当の理由

「嫌《けん》薬《やく》系情報」とは、いわゆる「薬は飲んではいけない！」という考えをもとにした情報です。以前からこの主張は多くの支持を得ています。

「薬は飲まないに越したことはないんです」

さまざまな書籍やテレビ番組で専門家たちがそう語っていますね。そのたびに、私は、当たり前じゃないか！と思います。

「副作用のない薬はありません」

これまた当たり前です。

「治るのは自分の免疫力や治癒力のおかげであり、薬で治るわけではない」

もちろん、そうなのです。

一部の薬（インスリンなど）では、薬を飲まないと命に関わるようなこともありますが、そういった例外をのぞけば、

薬は飲まないに越したことはありません。

身体を鍛えていれば薬は要らない。

免疫力を上げれば薬は要らない。

病気になったらゆっくり休んで回復させればいい。


でも、それができないから、とりあえず動けるように、働けるように、回復にかかる時間を縮めるために、私たちは薬で対処するんです。

嫌薬系の情報があふれる今だからこそ、あらためてお伝えしたいと思います。

薬は必要悪です。

リスク（副作用）とベネフィット（現在の自分の状況に対する効果）を考えて、ベネフィットが上回ると考えられるとき、薬を使うのです。

たとえば包丁について、「便利かもしれないけれど、人間を傷つける恐れがあるから、使うべきではない。包丁は販売中止にすべきだ」という人はいません。ましてや「人を殺す可能性のあるものを売るなんて、世界的秘密結社の人口削減計画だ」などと陰謀論を述べた日には、軽蔑されてしまうでしょう。でも、薬に関する情報も、同じようなことが起きていると思うのです。

嫌薬系の情報が流行る背景の1つに「ラクだから」という理由があるのではないかと私は考えています。

正しいか間違っているかわからない――そんな「よくわからないもの」を、人は嫌います。モヤモヤする時間はストレスがかかりますし、エネルギーを使うからです。何よりも「よくわからない」ことで、人は不安になります。

不安な状態を続けるよりも、何かを信じることにしてあれこれ考えるのをやめてしまったほうが、人はラクなのです。

嫌薬系の情報は、わかりやすいというのも特徴です。

「現在のところ、人への影響は見つかっていません」「0．5％の人に副作用が認められます」といった科学的な情報は、「将来的な影響は？」「自分がその0．5％に入ってしまったらどうしよう？」といった「語られていない部分」について、自分で考え、判断して、結果の責任を引き受けなければなりません。

ところが、「〇〇はすべてダメです」という情報は、信じるかどうかさえ判断してしまえば、あとは自分で考える必要もありませんし、それで望まない結果になったとしても「△△説のせいだ！」と責任転嫁できるわけです。

また、すべてではありませんが、嫌薬系の情報は健康食品や民間療法といった商品やサービスに誘導するために使われることがあります。インターネットで「アトピーにステロイドは絶対に使ってはいけない！」といった記事を読んでいると、そのうちに「××石鹸」「□□クリーム」の宣伝になり、最後に申し込みボタンがあった、などという経験をお持ちの方も多いでしょう。

すぐに結論を出さずじっくり考える・調べてみるという姿勢が、身を守ってくれるのではないでしょうか。

薬の不安の解消法

それなら、どうすれば、これらの「不安」や「わからなさ」を解消することができるのでしょう？

解決策としては、次の3つが考えられます。1つずつ解説していきましょう。

A　薬の情報や知識を「自分が」身につける

B　医師や薬剤師が、わかりやすく説明してくれるようになる

C　医師や薬剤師に、自分の希望を伝えられるようになる

薬の情報や知識を、自分で身につける

自分が勉強して詳しくなることは、薬に対する不安を解消するうえで、ある程度効果的です。

まったく知らないよりは少しでも知っているほうが、医師や薬剤師の話を聞くときにも、よくわかるようになりますし、「この患者さんはちゃんと理解している人だ」と思えば、医師や薬剤師も「決められたとおりに飲んでくださいね」ということ以外にも詳しい情報を提供しようとするでしょう。

また、「○○が入っている薬はかぶれる」など、自分と薬との相性を知っているほうが、より効果的に薬を使うことができます。


ワインで言うなら、まったく何も知らずに、

「美味しいね」

「よくわからないけれど、高いワインなんだから、いいものなんじゃないの？」

というよりは、ブドウの品種と特徴などを少しでも知っているほうが、ワインをより楽しめたり、自分好みのワインを選べる確率が高くなることと同じです。

本書でも、薬に関して知っていると良さそうな知識や例を挙げています。


今の時代、薬の情報は私たちの周りにあふれています。メーカーや国が出す公式な情報もインターネットで誰でも簡単に入手できます。本もたくさん出ていますし、論文を読むこともできます。

もちろん、インターネットや一部の書籍には、「これ、本当？」と思うような、エビデンス（科学的根拠、信頼に足る裏付け）が怪しい情報も含まれているのも事実

です。また、医療者が書いていたとしても、内容が正しいとは安易に判断はできませんので注意が必要でしょう。

薬に関する情報のやっかいなところは、私たちが平常時ではなく、体調が悪くなってから情報を――しかも、命や健康に関わる情報を――探す点にあります。

もともと、人間は、信じたいものを信じる生き物です。いわゆる、せっぱつまったとき、さらに、なんとしても命が助かりたい、健康になりたい、と思えば、誰だって冷静になれず、余計に自分の信じたいもの、安心したい情報を集めてしまうのです。

また、**情報が多すぎてしまうがゆえに、「正しい情報がどれか」がわからなくなり、迷い、情報を知ることでかえって不安になることもあります。**

私自身、薬の専門家として、このような「かたよった情報を集めてしまう危険」をわかっているつもりでいましたが、ある日、とてもショックなことがありました。

ある勉強会で、「薬の情報はあふれているといってもいいのに、患者さんにまったく知らされなかった時代よりも、不安が増しているように感じる」と言ったところ、参加者のAさんに、こう言われました。

「どこに薬の情報があふれているのか、さっぱりわからない」

「コマーシャルくらいでしか知らない」


Aさんは、作家であり編集者であり、テレビにもコメンテーターで出ているような、世の中の動きに敏感な人です。

それなのに、薬の情報が増えているとは思えない、と言われたのです。

Aさんが健康で、薬に関心がないから、薬の情報が目に触れないだけではないか？　と思いましたが、その場にいた10人ほどの参加者も一様に「そうだよね」と同意しています。

実際、薬の情報は増えているんだろうか？　増えているというのは気のせいなんだろうか？　と、分析してみたのが、次のページの図1です。

図1　薬の情報について――新旧比較

	1995年時点	2017年時点
薬の名前について	**患者には教えないというスタンス** ・手がかりは錠剤の刻印など、薬に書いてある記号のみ ・薬の名前が書いてあるパッケージの部分を切り取ることもあり	**患者に伝えるべきというスタンス** ・薬剤情報提供書を渡す ・おくすり手帳に記載 ・薬のパッケージに薬の名前が書いてある ・錠剤そのものに薬の名前が印刷してある薬もある
薬の効能・効果について	**「高血圧のお薬〝らしい〟」としか認識されない** ・そもそも名前がわからないので調べようがない	**作用機序や副作用がどういうタイプの高血圧の薬とまで理解を求められる** ・薬剤情報提供書に記載 ・薬剤交付時に薬剤師から説明される
添付文書（薬の公的な取扱説明書）	**患者の目には触れさせないように注意するもの** ・自己注射用のインスリン製剤など、箱ごと交付するものの場合、抜き取ってから渡すのが当たり前 ・専門家でも、すべての添付文書を集めるには情報会社からデータを購入	**医療従事者が使うものであることを明示** ・製造販売元のホームページで医療従事者用の情報として公開 ・医療従事者用であることを明示の上、医薬品医療機器総合機構（PMDA）にてすべての添付文書を公開

ほぼ20年前の１９９５年当時と現在を見比べてみて、いかがでしょうか？　その差は歴然としていますね。

そもそも、１９９５年といえば、インターネットがまだ一般にはあまり普及していなかった時代です。昔は購入して調べるしかなかった、副作用検索データベースや添付文書も、今はインターネットで検索すれば、医薬品医療機器総合機構（ＰＭＤＡ）の公式情報を見ることができます（https://www.pmda.go.jp/）。

また、１９９５年当時、自分が飲んでいる薬の名前を知らないことは当たり前でした。

まるで専門書のような分厚い書籍で、錠剤に入っている刻印から索引を引きあて、自分が飲んでいる薬の名前や特徴を探したという方もいらっしゃるかもしれませんね。

それが今では、病院や薬局で薬をもらうとき、頼まなくても「くすりのしおり」「薬剤情報提供書（薬局が患者さんに渡す薬の説明書）」と呼ばれる紙を渡され、どういう効き方をする、どんな薬なのかを説明され、さらに「おくすり手帳」に薬の名前も記されます。

そんなわけで、今や「自分が飲んでいる薬のことを知っているのは当然」という風潮です。

ひととおり、こんな説明をした私に、Aさんは言いました。

「どんな薬か説明されても、理解できるときばかりじゃないし、理解できたところで、それがベストな選択なのかわからない」

「ジェネリックにしますか？　と聞かれても、何を基準に判断すればいいのかわからない」

「結局、こういうもんなんだと思って飲むしかない」

……確かにそうでしょう。医療関係者から薬の情報をどれだけ知らされたところで、自分で判断できなければ、その情報は役に立たないどころか不安がつのる原因ともなりえます。

だとしたら、薬の情報が増えていようが、減っていようが、大差ありません。「情報公開」という名のもと、徐々に知らされるようになった薬の情報ですが、「判断」ができないかぎり、知らされても、あるいは知る環境があっても、それは提供した側の自己満足でしかないでしょう。

ワインにたとえるなら、お店のワインリストに、どれほどワインの産地やブドウの種類が細かく書いてあっても、実際に飲むお客さまであるあなたが「自分はどんなワインを美味しいと思うか」がわからないかぎり、「美味しいワイン」を選ぶことができないのと同じです。

ワインスクールや本で勉強し、自分でワインを選べるようになることは、楽しくはありますが、時に、時間や労力がかかりすぎたりします。そもそも、自分が知らないワインは選びようがないですよね。

薬の場合、「知らないワイン」を選ぶ状態になりがちです。

そもそも、知らないワインを「これを飲みなさい」と半強制的に勧められる状態だからこそ、そして、ワインよりもはるかに自分の命や身体に影響が大きいものだからこそ、結局は、不安ながらも言われたとおり飲むほかなくなってしまうわけですね。

結論としては、

- **かたよった情報を集めてしまったり、情報が多すぎて、かえって振り回されてしまい、知識は増えても不安になってしまう**
- **情報があっても判断できない以上、結局は役に立たない**

ということが起こるおそれがあります。情報や知識を身につけることは、薬の理解を深めたり、医療者とより深いコミュニケーションをするために役に立ちますが、**薬の情報や知識を身につけるだけでは、すべての不安を解消することはで**

きません。

医師や薬剤師が、わかりやすく説明してくれるようになる

日本の医師は、３分診療だ、質問すると怒られる、などとよく批判されます。調剤薬局も「忙しそうだし、説明もよくわからない」と言われることがあります。

「くすりのしおり」に、患者向けの親切な説明が書いてあると言われても、「咳が出たから薬をもらったけど、〝中枢の何とかを何とかで咳を止めます〟と、難しく書いてあって、それがどのくらいの時間で効きはじめるとか、どのくらいの強さの薬かとか、さっぱりわからない」というようなことを、咳止めに限らず、いろいろな薬に関してよく言われます。

一方、近年、病院のホスピタリティということが、よく話題になります。病院でも医療現場におけるコミュニケーションの改善を図ろうと、コーチングを取り入れるべく、職員に研修をおこなったり、患者さんの権利として、十分な説明と情報提供を受ける権利をうたっている病院もあります。

一歩ずつ、一人ずつ、一施設ずつでも、このような医療者と患者さんのコミュニケーションが円滑な現場を増やしていくことが大切です。

これらの取り組みが増え、続いていくことはとても大事ですし、そのような世界を願ってやみません。

しかし、このような話を聞くたびに、私はある漫画の一場面を思い出します。『美味しんぼ』という人気漫画で、いじめを扱った回があり、その中で、「いじめや暴力のない、やさしい社会を実現することが大事」とウンチクをたれる「子どもの心や教育の専門家」に対し、主人公の山岡史郎が「で、そのような社会が実現するのはいつですか！」「明日ですか、明後日ですか！」「冗談じゃない。いじめに苦しんでいる子は、今、すぐに助けを求めているんだ！」と語るシーンがあります。

いじめにあっている子どもと患者さんを一緒にしてはいけないかもしれませんが、**「コミュニケーションが円滑で患者満足度の高い医療の実現を」という話に対し、もちろんそういう世界を目指すことは必要だけれど、今、今日、この場で困っている患者さんの解決にはつながらないことも事実です。**

ですから、そんな時代になるのを待っているだけでは解決できないわけです。

医師や薬剤師に、自分の希望を伝えられるようになる

では、どうすればいいのでしょうか。ポイントは次の2つです。

1つは、「伝えたいことを整理しておくこと」です。

医師の診察はとにかく時間がありません。患者さんを診察し、話を聞き、そこ

から診断を下して治療方針を立て、薬や処置を決める、しかもカルテにそれらを記載する、という一連の流れを数分の診察時間の中でおこなっています。

薬剤師にしても、カウンセリングの時間ではありませんから、じっくり患者さんの話を聞く余裕はありません。

そんなわけで、次のような情報を受診前にまとめておくと便利です。

- **自分はどんな症状なのか**
- **気になっていることは何なのか**
- **知りたいことは何か**
- **薬や治療で気を付けてほしいことや希望は何か**

もう1つは「伝え方」です。

医療には訴訟のリスクがあります。ですから、処方された薬に対し「本当に安全なのですか?」と聞いても「大丈夫です」という返事が医師や薬剤師から返ってくることはほとんどないでしょう。大丈夫だと断言して、万が一のことが起きて訴訟になったら、医療者側が敗訴してしまうかもしれませんから。

安心するために質問したのに、むしろ「○%に副作用があり……」と説明されてかえって不安になったり、「治療方針が信用されていないのだろうか?」と医師に思われたりするという残念な結果になってしまうことがあります。

ですから、不安であれば「○○なので不安なんです」と正直に伝えてください。もし副作用が気になるなら、「『一般的に』どんな副作用が起きやすいですか?」など、治療への医師の責任が過剰にならない聞き方をしましょう。

医師と患者どちらがえらいという上下関係ではなく、最善の治療を一緒に探すパートナーとして、互いに尊重しながら関わっていきたいものです。

コラム

セルフメディケーション税制
――予防と治療の優先順位

医療費にまつわる減税措置としては、その年に負担した医療費が10万円以上となった場合、確定申告をすることで所得税などの税金が還付される医療費控除が有名ですね。

2017年1月からは、新たに「セルフメディケーション税制」という制度がスタートしました。「セルフメディケーション」とは耳慣れない言葉ですが、「自分自身の健康に責任を持ち、軽度な身体の不調は自分で手当てすること」と世界保健機関（WHO）は定義しています。

つまり、ざっくりとした言い方をしてしまえば「自分の健康は自分で守る！」ともいえるでしょう。そのうえで、厚生労働省の「セルフメディケーション税制

（医療費控除の特例）について」という説明によると、

「セルフメディケーション税制（医療費控除の特例）は、健康の維持増進及び疾病の予防への取組として一定の取組をおこなう個人が、平成29年1月1日以降に、スイッチOTC医薬品（要指導医薬品及び一般用医薬品のうち、医療用から転用された医薬品）を購入した際に、その購入費用について所得控除を受けることができるものです。」

とあります。

つまり、個人の健康増進・疾病予防のために自己負担した医療費が年間10万円を超えなくても、対象となるOTC医薬品の年間購入額が1万2000円を超え（家族分も合算）、一定の取り組み（本特例の適用条件）をおこなった方が適用を受けられる可能性があるという制度なのです。

減税の仕組みや金額、申請方法などは新聞やテレビで詳しく報道されていますので、ここではまた別の観点からお伝えしたいと思います。

このセルフメディケーション税制の施行は、「お医者さんまかせ」から「自己責任」への転換であり、医療費抑制のためでもありますが、もう一つ、「治療」から「予防」への転換を図る側面があります。

日本における医療の方針はこれまで「治療」がメインでした。つまり、体調が悪くなったら、医師にかかったり薬を飲んだりするわけです。病気になっても保険が使えるのはありがたいことですが、予防接種や人間ドックはほぼ自己負担となれば、予防にお金や時間を遣うより、病気になったら病院に行くほうが良い、となりかねません。

とはいえ、高齢化が猛スピードで進むなか、「体調が悪くなる。それから治療」というサイクルでは、医療費の拡大を阻止するどころか増える一方です。

そこで、この制度を利用できる人の条件を「健康診断を受けている」「予防接種を受けている」といった病気の予防をおこなっている人とすることで、予防への意識や動機を高めようというわけです。

さらに、現在は病院に行けば健康保険が使えますから、OTCを自腹で買うよりも病院に行って保険で効く薬を出してもらおう、という現状なのは否定できません。

しかし、スイッチOTCを買ったら控除をおこなうことで、軽い症状ならOTCを自分で買って手当してもらおう、という流れにしたいのです。

このように、

・予防に目を向けてもらい、病気そのものを減らす努力を自分でする

・軽い症状なら病院に行かず、OTCで手当てする

ためのセルフメディケーション税制なのです。

この流れは歓迎すべきと思います。誰しも普段は自分が健康であることが当たり前のように感じ、体調不良になったとたん、その苦しさが身にしみるものです。

ですから、自分の体調をコントロールできるようになろう、そのために医療や

薬の知識も増やそう。いわば主体的に「自分の健康」に関わっていくための制度です。減税効果の観点からも、健康維持の観点からもぜひセルフメディケーション税制を使いこなしていただければと思います。

（セルフメディケーション税制の具体的な仕組み・減税率・申請方法等については厚生労働省のサイトでご確認ください。http://www.mhlw.go.jp/stf/seisakunitsuite/bunya/0000124853.html）

第2章

自分に合った薬の選び方

どの薬が一番いい？　一番効く？

「薬剤師です」と自己紹介をしたり、さらに「趣味は薬局めぐりというくらい、薬のことを知るのが大好き」などと付け加えると、風邪の季節でも花粉症の季節でも虫刺されの季節でも、「どの薬が一番効くの？」とよく聞かれます。

こんなとき、私は心の中で「誰にとっても、これが一番効く！という薬があったら、そもそも、世の中にこんなにたくさんの種類の薬は要らないでしょう？」とつぶやきます。

もしそんなことが可能ならば、少なくとも、それぞれの病気に対して、各社「これです！」という薬を1つだけ出せばいいはずです。

でも、現実には、よく似てはいるが少しずつ異なる薬が山ほど存在します。

風邪薬を例にとってみましょう。

ドラッグストアに行けば「風邪薬」コーナーには各メーカーの風邪薬がこれでもか！　とばかりに並んでいます。しかも、「パブロン」（大正製薬）や「ルル」（第一三共ヘルスケア）など、同一のブランド名でも、ＳやＡやＥＸやゴールドと、数多くの種類が出ていて、値段もバラバラです。

風邪が流行る季節になると、今までの薬よりも新しくて効くような気にさせるテレビコマーシャルが流れ、よくわからないけれど効きそうな気がする、カタカナの薬の成分名が「〇〇〇配合！」などと書かれた広告が電車内に貼られています。

さらに、インターネットを検索したり、「風邪をひきました」なんて、ＳＮＳに書き込んだりすると、

「薬より△△がいいらしいよ」

「まとめサイトにこんな記事があったよ」

と、知人や友人から新たな情報が舞い込みます。

では、「どの薬が一番効くの？」という問いにどう答えるか。

専門家がよく使う答えが、

「あなたに合った薬が、あなたにとって一番いい薬、効く薬ですよ」

です。


この返事、あいまいなようですが、あながち間違っていません。

Aさんにとって副作用がなく、効果抜群だった薬が、Bさんにも同じように副作用がなく同じだけの効果があるとは限らないからです。

AさんとBさんが違う人間で違う体質である以上、効果や副作用の出方も違う可能性があります。


でも、この答え、まったく役に立たない答えとも言えます（私もよく言いますが……）。「自分に合った薬」がわかっていたら、そもそも誰もこんな質問はしませんよね。

「自分に合った薬」＝「（あなたにとって）一番いい薬」。

後ほどお話ししますが、自分に合う薬について、「唯一絶対コレで間違いない！」という答えはありません。

ならば、どうやって自分に合った薬を選ぶのか？

そのことについて答える前に、ここではまず、風邪薬を例にとり、「自分に合った薬を選ぶって、こういうことなんだ」という感じをつかんでいただきます。

風邪を治す薬は存在しない⁉

「風邪に効く薬を発明したらノーベル賞ものだよ」という話を聞いたこと、ありませんか？

ご存じの方も多いと思いますが、風邪の80〜90％はウイルスが原因となって引き起こされます。**そして現在の風邪薬は、ウイルスを殺せないので風邪の原因を取りのぞくわけではなく、各症状を抑えたりやわらげたりする「対症療法《たいしょうりょうほう》」のための薬です。**

対症療法とは、「表面的な症状を緩和する」ことを目的とする治療法です。

表面的な症状というのは、風邪で言うところの、咳・鼻水・鼻づまり・発熱といった、誰でもすぐに見てわかる風邪の症状です。

というわけで、「世の中に風邪の原因そのものを取りのぞく薬」は存在しません。

もっとも、風邪のウイルスを殺す薬ができたとしても、その薬を使うためには、そのときに症状を起こしているウイルスを検査して特定してから使う必要があり、手間も時間もお金もかかります。

実際のところ、風邪ぐらいであれば、検査結果を待っている間に治ってしまいます。

逆に、ウイルスなら何でも殺します！　という薬は、身体への負担も大きく、風邪は治ったけれど、薬の副作用で、必要な腸内細菌なども殺してしまい、かえって風邪よりも具合が悪くなりました、という笑えないことが起きる可能性が高いのです。

もともと薬は「有益性投与《ゆうえきせいとうよ》」という、リスクよりもベネフィットが勝るときに、ベネフィットを期待して使うものです。

この「有益性」ということが、薬をわかりにくくしています。

例を挙げましょう。カナマイシンという抗生物質があります。重い肺炎で死にかけているときに、このカナマイシンを投与したら、その副作用で耳が聞こえなくなる、ということがありました。

他の薬が効かず、そのままにしていたら死んでいた可能性が高いという肺炎でしたら、カナマイシンを投与したことは、意味があります。

しかし、他の薬でも治ったとしたら――。もっと安全で有効な抗生物質がたくさんある現在、必然性もなくカナマイシンを使い、こんなことが起きたら、「なんてことをしてくれたんだ！」となります。

また、もし、この重症肺炎でカナマイシンを投与し、命は助かったけれど耳が聞こえなくなった患者さんの職業が音楽家だったら……と考えてみてください。「カナマイシンの投与は、はたして本当に良かったのか？」という疑問に対する答えは、非常に難しくなります。

命に関わる重症肺炎の治療に抗生物質を使う場合でも、状況により、これだけ違うのですから、ましてや、命に関わる問題ではなく、軽い肺炎、風邪の気管支炎だったら、「ほかの薬はなかったのか？」「かえって薬の副作用で大変なことになったんじゃないか」となります。

有益性投与の「有益」かどうかを決めるのは非常に難しい問題なのです。

「ゆっくり寝てれば治る」という ドヤ発言に異議あり！

ところで、あなたの周りで、

「市販の風邪薬は風邪の症状を抑えているだけで効かない」

「栄養をとって、温かくして、しばらくゆっくり寝ているのが一番だよ」

などと言う人はいませんか？


私はこの話をドヤ顔で語る人を見るたび、ちょっと複雑な気持ちになります。

「わかってますよ、そんなこと！」って、思いませんか？

「その『しばらくゆっくり寝ている』ができないから、風邪薬を飲んでいるんだよ！」って、正直、ムカつきませんか？

私も自分に余裕がないときにこんなことを言われると、「あなたはゆっくり寝ていられて、しかも栄養満点の食事を作ってくれる人がいるかもしれないけど、こちとら、そんな生活できないんですよ！」なんて、ねたんでしまったことすらあります。


基本、薬は「好きこのんで」飲むものではなく、

「ゆっくり休めないから薬でどうにかしようじゃないか」

「ゆっくり休みたいけれど、どうしても仕事に行かなければならないから、少しでもラクになるために、せめて症状を抑えよう」

と思って飲むわけです。


ですから、風邪薬を飲もう、というときの「薬を飲まなくてもゆっくり休めばいいんだよ理論」は意味がありません。

「薬は免疫力を下げてしまうから良くない」は本当？

「発熱や咳や鼻水などの風邪の症状は、身体がウイルスと闘っているときの症状なんだよ」

「だから、薬でそれらの症状を抑えてしまうと、かえって自分の身体がウイルスと闘う力（免疫力）を弱めてしまうことになり、飲んだときには楽になるけれど、かえって風邪を長引かせてしまうんだよ」

なんていう話も、聞いたことありませんか？

もちろん、これらの話がすべて間違っている、ということではありません。

薬の存在しなかった昔は確かにそうだったでしょう。

ただ、今と昔では、薬の有無はもちろんのこと、衣服や体力や栄養や、その他

あまりにもたくさんのことが違いすぎます。

たとえば風邪をひいて熱を出したときのことを考えてみましょう。

身体には「免疫」という、身体に害をなすものを排除して身を守る機構を持っています。

身体にウイルスや細菌が入ってくると、身体はもちろんそれらをやっつけようと、免疫の働きを活発にします。

体温が上昇すると、病原菌の増殖を抑え、免疫力が上がるため、身体は発熱をするのです。

「熱が出たとき、むやみに熱を下げてしまうと、かえって身体自身の回復力を下げる」と言われるのはこのためです。

しかし、発熱は体力を消耗させます。発熱により外敵から身を守りきる前に体力が限界に達したら……あなたは仕方ない、と納得して死を受け入れますか？

そこまで極端な例でなくても、風邪をひくたびに何日も、場合によっては何週間も寝込む生活を受け入れますか？

薬というのは、体力がない、免疫力が弱いなど、「生物として弱い個体」であっても生き延び、社会生活を送るための手段です。人間が受け継いできた智恵なのです。

また、発熱した結果、ウイルスや細菌の退治に成功したとします。するとと、いつまでも発熱している必要はありませんから、今度は汗をかき、水分の蒸発によって体温を下げようとします。

もし裸なら、汗がすぐに蒸発していくので問題ありません。しかし、私たち現代人は服を着て暮らしています。服に汗が染み込むことで、裸の時代よりも皮膚が濡れている時間が長くなり、ちょうどいい冷え具合を通りすぎて、身体が冷えてしまうことがあるのです。いわゆる「汗冷え」という状態です。

汗をかいて温度を下げるから大丈夫、だけではなく、服を着ているがゆえの問題が生じ、汗をかいたらこまめに着替えるという手間がかかるようになっているのです。

もっと言うなら、昔であれば、自分の体力が病原菌に負けてしまい死んでいた人も、今は、薬のおかげで助かったり生きながらえたりできます。

さらに、咳や鼻づまりなどの症状で眠れなくなれば、余計に体力を消耗します。薬を飲んでそのような症状を抑え、体力を温存することで早く元気になることもあるのです。

そのうえで、確かにこれらの症状を抑えすぎるのは良くないとしても、です。先ほどの「寝ていれば治る発言」と同じです。

「症状が出ている状態では日常がままならないから、仕事にならないから、仕方なく症状を抑える」ために、薬を飲まざるをえないわけです。

ここまでのお話でわかっていただきたいのは、

「人は、仕方なく薬を飲む」

ということです。

決して飲みたくて飲んでいるわけではありません。

仕事のために、学校のために、家族のために、ゆっくり休んでいられないい――。だから、少しでも症状を抑えて仕事や家族に支障がないようにするために、仕方なく薬を飲むのです。

では、そろそろ、あなたのタイプ別に、風邪薬を選んでいきましょう。

タイプ別！ ベストな風邪薬の選び方

Aタイプ　普段から身体を鍛えていて、なおかつ、いつでもゆっくり休める皆さん

体力も時間的余裕もある、このタイプの方には風邪薬は要りません！

ここまでお話ししたように、風邪薬は「飲まないと治らない（またはものすごく治りが悪くなる）」というモノではありません。

それこそ、温かくして、栄養をとって、ゆっくり休んでください。

もっとも、こういう人はそもそも風邪を引きません。

むしろ、このタイプの方に忘れないでほしいのは「他の人も、あなたと同じように体力と時間があるわけではない」ということです。

間違っても、ハイテンションに「大丈夫だよ、薬なんて飲まなくても！　わっはっは！」なんて、風邪で具合の悪い人に言わないようにしましょう。

Bタイプ　「風邪にはパブロン」など、何らかの風邪薬を信じている皆さん

どうぞ、自分の信頼する薬を飲んでください。

パブロンでもルルでもコルゲンでも、あなたが心から信じている薬を飲んでください。

あの、これ……決して適当なことを言っているわけでも、製薬メーカーをもうけさせようとしているわけでもありません。

風邪薬を飲む目的は「症状を抑えること」です。

それなら、人は「何のために症状を抑えるのか？」と言えば、「自分がラクになるため」です。もう少し言葉を足して説明するなら、「少しでもラクになるこ

とで体力を温存し、回復する力をアシストするため」。

「パブロンの黄色い色の顆粒」や、「コンタックのカプセル」を見るだけで「ラクになった気がする」と思うのなら、風邪薬はそもそも「ラクになる」ための薬なのですから、十分効果がありますよね？


もちろん、「副作用など、問題が起きたらどうするんだ？」「薬の本当の効果はどうなんだ？」という反論や疑問もおありでしょう。

ですが、あなたが「風邪には○○」と思えるほど、「あなたにとって」定番の風邪薬なら、今までもこれからも、ずっと「あなた」には効きます。

今まで使ってきて「あなたに」副作用が起きていないのであれば、これからも「あなたに」副作用が起きる可能性は低いのです。


ちなみに、その風邪薬が「多くの人に対して」本当に風邪の諸症状に効果があるか、重い副作用がたくさん起きたりしないかどうかという問題は、風邪薬を作っているメーカーが保障すべき問題です。

しかし、友人には効果てきめんでも、「あなたに」効かなければ何もなりません。

逆に、**「あなたが」安全に効果を感じるのであれば、その薬は、「あなたにとって」は良い薬です。**「あなたの」症状が抑えられれば良いのですから。

だから、このタイプの人がやってはいけないのは「自分に効くからといって、他の人にも強引に勧める」ことです。

さて、次からが本編です。

体力があっていつでも休めるわけでも、信じている風邪薬があるわけでもない場合です。

Cタイプ
お店や会社などに勤めていて、風邪をひいても休めない皆さん

客先での打ち合せや重要な会議があり、会社を休むことなんて絶対できない。シフト制の仕事だから急には休めない。または、ギリギリの人数で回しているので、休むなんてもってのほか。かといって、勤務中は忙しすぎて病院に行く時間なんてない……。

そんなあなたは、会社の帰りでも開いているドラッグストアに行き、「咳を止めたい」「鼻水が出て困っている」「熱が38度ある」「おなかが痛い」など、とにかく早急になんとかしたい症状を、できれば1つに絞って、それ専用の薬を選びましょう。

多くの場合、「いろいろな症状を抑えます」という総合感冒薬よりも、熱を下げたり、咳を止めたり、鼻水を止めたりなど、目的が絞られている薬のほうが、それぞれの症状に対しては良く効きます。

不要なものが入っていないので、「自分の症状には関係のない成分で副作用が起きる」ということも防げます。

もし、漢方が嫌いでないなら風邪のひきはじめに用いられる葛根湯《かっこんとう》は、熱を上げることで、外部から侵入したウイルス・菌を弱らせ、発汗を促し、体温を下げる効果があるため、おすすめです。

それでも良くならなければ、なんとかして会社を休んで医療機関を受診するしかありません。

医師の診察を受けて、効果の高い薬を処方してもらい、その日はゆっくり休んでください。くれぐれも午前半休をとって病院に行ってから出社する、なんてことはしないでくださいね。結局、具合の悪い状態が長引くだけですから。

Dタイプ　自営業の皆さん

毎日会社に行って、机に座っているのも仕事のうち……という人から見たら休みが取りやすそうに思われる、自営業のあなた。確かに、勤め人よりも時間は自由になるかもしれませんね。

でも……自営業の方には「働かないかぎり、収入が入ってこない」という、キビシイ現実がありますよね。

しかも、「代わりがきかない」仕事をしている場合も多いですよね？　そんなあなたがまず考えるべきは、「今、休めるかどうか」です。

もし、今がゆっくり休める時期でしたら、「神様から風邪という形で休みなさいとお告げがあった」と思って、薬を使わずにゆっくり休む、というのもアリです。やはり薬は使わないに越したことはありませんから。

逆に、まったく休めなくて、症状をとにかくなんとかしたいのでしたら……あなたが考えるべきは、「1、2時間の時間を投資して、将来の時間を買う」です。打ち合せを1つキャンセルしてでも、その日のうちに医療機関を受診してください。

「市販の薬でなんとかしよう」というのは、その薬が効かなかった場合、さらに症状を悪化させ、未来の時間を余計に使ってしまうリスクがあります。

せっかく「1、2時間の自由」がきくのですから、「この薬、効くのかなぁ」と不安になりながら過ごすより、医師に効く薬を出してもらいましょう。

Eタイプ
赤ちゃんがいるお母さん、または介護中の皆さん

おじいちゃん・おばあちゃんや子どものためなら、すぐに病院に行くのに、自分が風邪をひいても病院に行く暇がない。それどころか、そもそも自分の用事で家を空けられる時間的余裕がない。

そのうえ、赤ちゃんやお年寄りといった、風邪がうつったら大変なことになりそうな人が家の中にいる。そして、そういう人のお世話をしている人は、決して寝込んでいられない……。

そんなあなたのためにこそ「総合感冒薬」というものが存在します。総合感冒薬を家に常備しておきましょう。

そして、少しでも風邪っぽいと思ったら、「とにかく早めに」「気づいた段階で」薬を飲んでください。あなたの咳やくしゃみを抑えることが、感染防止にもつながります。

実はこういうお母さんや介護中の方々は、体力的にも余裕がないことが多いです……当たり前ですよね。

夜もぐっすり朝まで寝ていられるとは限らないですし、最近休んでいないなぁ、疲れたなぁと思っても、「今日はお休み！」ということはできません。

場合によっては、介護や子育てだけでなく、さらにお仕事もしている、という、一人何役ですか？　という状態のことも多いでしょう。

体力を温存して規則正しい生活をしてゆっくり寝ましょうなんてこと、できなくて当然です。

そんな自分を責めず、なかなか治らない自分も責めず、今はそういう時期だと思って、薬を飲んでください。

ただし、妊娠中、妊娠している可能性がある場合や授乳中の場合には、服用に注意が必要な薬もありますので、確認するようにしましょう。

風邪をひかない人の3パターン

ざっくりと5つに分けて風邪をひいたときの対処法について説明しましたが、世の中には「ほとんど風邪をひかない人」がいます。

「あぁ、『バカは風邪ひかない』でしょ?」……いいえ、そうではなくて、風邪をまったくひかない、というよりも、風邪を寄せつけない人もいるのです。

これまたざっくり言うと、次の3パターンです。

1身体を鍛え、規則正しい生活を送り、栄養のとれた食事をしている人
↓その生活習慣ゆえに、身体が丈夫で体力があり防御力も高い人です。

2無理をしない人
↓ストレスなどで自分の身体の防御力を落とさない人です。

3自分の小さな変化に敏感な人
↓自分の体力の低下や、防御力を超えるものに対面していることを、ごく初期の段階で気づき、対処するので大事に至らない人です。

この3つを目指していけば、どんな人も風邪を引かないのです。

どれも、目指す価値はあります。というよりも、彼らは健康の王道を行く人たちです。

私たちがイメージする「健康な人」は、これらの「防御力が高い」「防御力を落とさない」「自分の防御力を超えるものに近づかない」人です。

嫌薬系の情報（薬は怖い、薬は害悪だ、という主張にもとづいた情報）でも、「免疫力を上げましょう」「そのためには身体を鍛えましょう」「休むことも大事です」と言っています。その通りです。正論です。

だから、目指す価値はあります。

でも、そもそも薬、特に風邪薬のような対症療法（治すのではなく、症状を鎮めるため）の薬を飲もう、というときは、規則正しい生活や無理をしない生き方・暮らし方ができておらず、自分の状態に敏感になっていられないからこそ、気づいたら風邪をひいてしまったという状態です。

そして、ゆっくり治していられないから風邪薬を……と、最初の話にループしてしまうわけです。

不安も後ろめたさも感じずに薬を飲むことのプラスの効果

薬を飲むのは後ろめたい、健全ではない気がする、とおっしゃる方は結構いらっしゃいます。しかも、前述のような風邪を寄せつけない人が身近にいたり、そういう人の本やインターネット上の記事などを読むと、「風邪薬に頼るのはやっぱり良くないことなのかな……」などと余計、薬を飲むことに罪悪感を感じるかもしれません。

また「副作用は大丈夫だろうか？」「本当に効くだろうか？」「もっと我慢したほうがいいんだろうか？」などなど、たくさんの不安とともに薬を飲んでいる人も多いのが実情ですでも、忘れないでください。

あなたは「必要」だから薬を飲むのです。

「薬を飲むときには、ためらいなく、後悔なく、これでいいのだ」と思って飲む。

薬を飲むときに必要なのは、この気持ちです。

「薬を飲むときには、ためらいなく、後悔なく、これでいいのだと思って飲む」ことをお勧めする３つの理由があります。

１つめは、薬が効くタイミングを逃さずに飲むためです。

たとえば、頭が痛い。でも痛み止めってあまり良くない気がする……と言って、痛みを我慢して我慢して我慢して、どうにもならなくなってから痛み止めを飲んでいませんか？

痛み止めを、早くから飲んで、痛みのストレスから解放されたほうが生活の質が向上することもあります。

痛み止めは、今現在に起こっている痛みには効果がありません。

どういうことかというと、「バファリン」や「イヴ」、「ロキソニン」のような一般に「痛み止め」として市販されている薬（ＮＳＡＩＤｓという分類の薬です）は、炎症が起きている場所で、痛みを発生させるプロスタグランジンという物質ができるのを防ぐことで、痛みを止めています。すでに作られてしまったプロスタグランジンには効果がありませんから、その分の痛みは防げません。

そのため、痛みが生じたら、早めにお薬を飲むことも効果を十分に発揮するために大切なことです。

その他にも、なんとなく昼過ぎから風邪っぽいと思いながら帰ってきて、病院に行こうか薬を飲もうかどうしようと思いながら夕ご飯を食べたあと、明朝に大事な会議があることを思い出して、「葛根湯」を飲んだりしていませんか？

これでは、残念ながら十分な効果を発揮できません。葛根湯は、胃が空っぽのときに飲む薬です。胃に食べ物が入ってから飲むと、効果が弱まってしまうのです。

２つめは悪化する前に飲むためです。

炎症も火事と同じです。小さいうちに抑えたほうがしっかり抑えられます。毎晩咳がひどくて眠れないけれど薬を飲むのはためらわれるし、どうしよう……と思っている間にますます悪化して、ついには肺炎になってしまった、すでに咳で体力を使い果たしてかえって回復に時間がかかった、などではシャレになりません。

３つめは、「プラセボ効果」……いわゆる「気の持ちよう」です。

人間の思い込みというのはとても大きな力があります。臨床試験で「プラセボ比較試験」（偽薬と本物の薬で効果を比べる）というのがありますが、これも人間の「思い込み」を排除した結果を見るための試験です。

さらに、効果だけではありません。「この薬でかえって具合が悪くなったりしないかな？」と不安になりながら飲むと、ちょっとしたことでも「副作用かもしれない」と気になってしまいます。

私が新人薬剤師だったころのことです。ナテグリニドという糖尿病治療薬の情報を見ていたところ、消化器系の「腹部膨満感」や「放屁増加」といった副作用頻度が高いのです。

先輩薬剤師に「なぜだと思う？」と聞かれても、さっぱりわかりませんでした。先輩が言うには「比較試験の対照薬が（それらの副作用が特徴的に起きる）ボグリボースだからではないか？」とのことです。その説明でもわからなかった私に、先輩は言いました。「臨床試験の説明に、こういう副作用が起きることがあります、と書いてあって、それをあえてていねいに説明されたら気になるでしょう？」と。

つまり、おなかがはる、おならが増えるといった副作用について説明を受けたがために、意識しすぎてしまい、それらの症状が出てしまったケースが多い、というわけです。

なるほどプラセボ効果とは、副作用にも影響するんだと驚いたことを記憶しています。

もちろん副作用を気のせいだと言うつもりはありません。

しかし、何のために薬を飲んでいるか？　と言えば「ラクになるため」に薬を飲んでいるのです。

ラクになるために薬を飲んでいるのに、自らの気の持ちようで効果が減ってしまったり副作用が出てしまうとしたら、もったいないと思いませんか？

あなたがラクになるために薬を飲むのですから、「必要」な薬を飲むのに、後ろめたく思ったりしないでくださいね。

何はともあれ、お大事に。

コラム

市販の風邪薬で副作用が起きることはある？

市販の風邪薬で副作用が起きることはあるのでしょうか？　という質問を受けることがあります。

ＰＭＤＡ（医薬品医療機器総合機構）の副作用が疑われる症例報告の中には、市販の風邪薬による報告も含まれています。

一度、あなたが飲んでいる市販薬の箱の中に入っている薬の説明書（添付文書）を開いてみてください。

「服用後、次の症状が現れた場合は副作用の可能性があるので、直《ただ》ちに服用を中止し、この説明書を持って医師、薬剤師又は登録販売者に相談してください」

という主旨の言葉とともに、発疹や肝機能障害、ぜんそくなどといった症状が書かれていませんか？

もちろん、副作用が頻発する、ということはありません。薬の副作用発現率（発生率）をざっくりと考えてみましょう。

まず、実際にどのくらいＰＭＤＡに報告されているのかを調べてみました。市販されている総合感冒薬による副作用と疑われた症例は、２０１５年度では93件が報告されています。

そんなにあるの！　と思いましたか？　それとも少ないと思いましたか？

次に、どのくらいの人が飲んでいるかを考えてみます。

２０１１年に市販の風邪薬は１０００億円規模の売り上げになったと言います（ドラッグマガジンニュースより）。

単純に１箱２０００円としても５０００万個が売れた計算です。

そのうち半分しか飲まれなかったとしても2500万個。

先ほどの93人で考えると、93／2500万＝0・000037％です。

0・000037％という数字をどうとらえるか。

この数字がどのくらい本当のことを示しているかは厳密にはわかりません。

副作用が起きた人全員が必ず報告しているわけでもないでしょうし、正確な売上個数も、そのうちのどのくらいが実際に服用されているかもはっきりとはわからないからです。

しかし、そう多くはなさそうだ、という感じはしますよね。

ただ、副作用で大事なのは、あくまで「自分に起きるかどうか」です。それだけは忘れないでくださいね。

第3章

ジェネリック医薬品は、だいじょうぶ？

「ジェネリック」を知っていますか？

薬局で「ジェネリックへの変更を希望しますか？」と聞かれたことはありませんか？

または、病院や診療所、調剤薬局に最初に行ったときに記入する、住所や名前やアレルギーを申告する用紙の項目の中に、「ジェネリックへの変更を希望します」というチェック欄、ありませんでしたか？

いったい、ジェネリックって何でしょう？　ジェネリック医薬品を発売しているとある製薬メーカーのサイトにはこんなふうに説明されています。

「ジェネリック医薬品（後発医薬品）」は、「新薬（先発医薬品）」の特許が切れたあとに販売される、新薬と同じ有効成分、同じ効き目の価格の安いお薬です。

「ジェネリック」とは「一般的な」という意味で、「ジェネリック医薬品」とは一般的に広く使用され、効能や安全性が確立された医薬品のことを意味します。

一方、国は次のような方針を掲げています。

「後発医薬品に係る数量シェアの目標値については、２０１７年（平成29年）央（平成29年）に70％以上とするとともに、２０１８年度（平成30年度）から２０２０年度（平成32年度）末までの間のなるべく早い時期に80％以上とする。２０１７年央（平成29年央）において、その時点の進捗評価を踏まえて、80％以上の目標の達成時期を具体的に決定する。新たな目標の実現に向け、安定供給、品質等に関する信頼性の向上、情報提供の充実、診療報酬上の措置など、必要な追加的な措置を講じる」

高齢化が急速に進み、医療費が拡大するのを危機に感じた国は、２００６年ごろからジェネリックを推進しはじめました。安いジェネリック（後発）医薬品で、医療費を抑制しようというわけです。

そのために、ジェネリックを患者さんが選ぶことで、薬局や病院が有利になるような政策を組んでいます（詳細は後述します）。

また、いわゆるジェネリックメーカー（先発医薬品の開発よりも主に後発医薬品を主力商品として開発・発売している製薬メーカー）も、ジェネリック医薬品を選んでもらうべく、啓蒙活動に一生懸命です。

有名タレントを起用したテレビCMを頻繁に流し、「お薬はご本人が飲むものでしょ」「だから、ジェネリックという選択は、自分で決めることが大切なんです」と宣伝しています。

このように、あらゆる方面から「ジェネリックを選んでね」と大合唱されている昨今ですが、次のような数々の疑問が浮かび上がります。

- **何を基準に、ジェネリックを選ぶか否かを決めますか？**
- **どんな情報があれば、ジェネリックにするかそうでないかを決められますか？**

・どこを見れば、ジェネリックに関する情報がありますか？
・そもそもジェネリックって安いけれど、本当に安全なんですか？

飲む薬を「自分で決める（選ぶ）ことが大切」ですが、「自分で決め（選び）ようがない」状況です。

腹黒くとらえるなら、「国策に従って、ジェネリックがある薬はジェネリックを飲め。でも、あくまで強制ではなく自主的に」——そう言われているような気すらしてきます。

ジェネリック医薬品に対するモヤモヤ感は、この「選び方や基準や、どういうものかもわからないのに、無理やり自分で選ばされている感じ」ではないでしょうか。

そもそもジェネリックって何でしょう？

薬は、医療用医薬品とOTC（市販薬）に大きく分かれます。OTCはさらに、要指導医薬品と一般用医薬品に分かれます（89ページの図参照）。**医療用医薬品は、先発医薬品と後発医薬品（ジェネリック医薬品）に分かれます。**

・**後発医薬品（別名：ジェネリック医薬品、後発品）**

先発医薬品と同一の有効成分を同一量含み、同一経路から投与する製剤で、効能・効果、用法・用量が原則的に同一であり、先発医薬品と同等の臨床効果・作用が得られる医薬品のことです（厚生労働省制作、後発品啓発リーフレットより）。

ちょっと堅苦しい説明ですね。よく知られているのが「同じ成分&同じ効果」で「特許が切れた（から安い）薬」という説明でしょうか。

あらためて、厚生労働省の一般向けパンフレットを見てみましょう。

「ジェネリック医薬品は、これまで使われてきたお薬の特許が切れた後に、同等の品質で製造販売される低価格のお薬です」、「効き目はもちろん、安全性も同等ですので、安心して使うことができます」、「お薬の価格は3割以上、中には5割以上安くなる場合もあります」……。

先発医薬品と同じ成分で同じ効果で、しかも安い！　良いことづくめですね。

でも、本当にそうなのでしょうか。実は大きな違いが2点あります。

―実はまったく同じ成分というわけではありません。主成分は同じもの・同じ量ですが、添加物の量や種類が同じとは限らず、製品により異なる場合があります。

このことを知らない方が多いのですが、見過ごせない点だと思います。

たとえば料理を例にとって考えてみましょう。

エビの天ぷらを作るとき、エビは同じものを使うとします。でも、衣を見てみると、卵と水と小麦粉もあれば、食品メーカーの天ぷら粉を使ったもの。サクサク感を出すためにマヨネーズを加えたものなど、成分はちょっとずつ違います。材料が違うと仕上がりや味わいも違ってきますよね。

ジェネリックも、このような同じものだけど成分が少し違う場合があります。

2　本当に同じ効果かどうか、直接確認はされていません

これも医療関係者以外には知られていないのですが、ジェネリック医薬品の製造過程でおこなわれているのは

- **溶出試験：先発品と同じように胃で溶けるかを人工胃液の中で試験**
- **生物学的同等性試験：先発品と薬物動態（血中濃度）が同じ推移を示すかを調べる試験**

のみであり、「同じように胃で溶けて（経口薬の場合）、同じような薬物動態を示

すのだから同じように効いて、同じように副作用が起きるだろう」という論理に基づいた「同じ効果」なのです。

ですから「ヒトで直接同じ効果を確認した」ものではありません。

もっとも、薬の開発で一番お金がかかるのはヒトでの臨床試験です。ジェネリックが安いのには、どこかでコストを削っているわけで、それがヒトでの臨床試験なのです。

要は、先発品と成分比率が違い、厳密に言えばまったく同じ効果が確認された、とは言いきれない医薬品を安いからという理由で使っているわけです。

このことを知ったうえで納得して使うのと、(知らないがゆえに)先発品とまったく同じものであると思い込んで使うのとでは大きな違いが存在しています。

本来なら大々的な啓蒙活動が必要でしょう。でも、そうした動きはありませんね……。

ちなみに、ジェネリック医薬品という名前ですが、「一般的な」、「普及した」という意味の英単語「generic」が由来です。後発医薬品は、欧米では薬剤の一般名（generic name）で処方されていることから、ジェネリック医薬品と呼ばれています。

アメリカでは「Generic Drugs」、日本では「ジェネリック医薬品」、「ジェネリック」、行政などによる表記は「後発医薬品」、「後発品」となっています（日本ケミファホームページより）。

今では当たり前となった「ジェネリック医薬品」ということの呼び名。広まったのは、国が後発品対策として、処方せん様式を変更した（後発品への変更ができるようにした）2006年前後からだと記憶しています。

そしてこの頃から、ジェネリック推進運動が活発になったのです。

図２　薬の分類

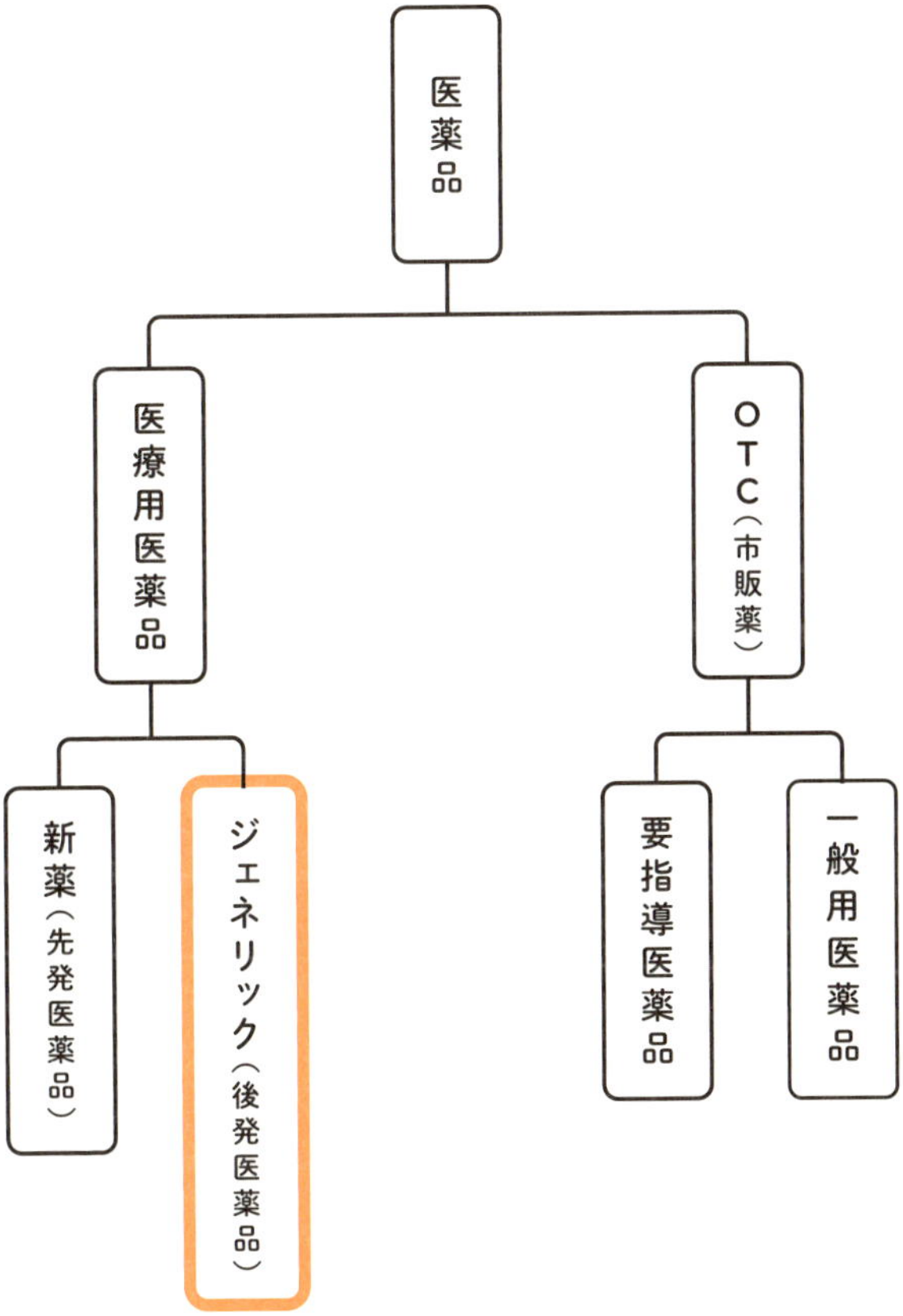

ジェネリックのメリット・デメリット

薬剤師であり、薬情報コンサルタントとしての私の立場は「ジェネリックはひたすら良いものだ！」でもなく、「ジェネリックは何もかもダメだ！」でもありません。ジェネリックはどういうもので、どんなメリットとデメリットがあるのかを知ったうえで、皆さんに選んでほしいと思っています。

【メリット】

・安い
・飲みやすさ：溶けやすい錠剤（速崩錠）や、飲み込みやすい形状、取り出しやすさなど先発品よりも製剤工夫された薬もある
・識別のしやすさ：錠剤に薬剤名を入れるなど、飲み間違いを防ぐ仕様
・製剤の違いにより選択の幅が広がった（かぶれにくいシップ剤など）

厚生労働省のパンフレットからは、単に「ジェネリックは安い、すなわち医療費抑制につながり、国の財政に役立つ」以外のメリットが感じられません（国はその視点しか持っていないということでしょうね）。

そこで、私たち「個人」にもたらされるジェネリックのメリットをあらためて考えてみました。

右に挙げたように先発品の長年の実績・経験値により飲みやすさや使いやすさを追求することができているのは、ジェネリックの利点と言えるでしょう。

【デメリット】

- **副作用が起きた際の情報が少ない（先発品メーカーはあり）**
- **副作用発現時の検査対応に違いがある（先発品のみ実施できる検査もある）**
- **本当に効果があるのか直接証明がされていない（先発品メーカーはあり）**

デメリットに関しては、前項でお話しした試験の違いからくるものが大きいのです。

副作用が起きた場合、ジェネリックの発売元に尋ねても「自社で報告はありません」と言われて終わりということもあります。副作用に関するデータの蓄積がないということは対応もとれないというわけで、これは「安いから仕方ない」という理由であきらめられるレベルの問題ではないと私は思うのですが……。

薬局や医師がジェネリックを積極的にすすめる本当の理由

「お医者さんが勝手にジェネリックを指定してくるけどなぜ？」とか「薬局に行くと、自分で断らないかぎりジェネリックにされてしまうのはなぜ？」という疑問を持たれる方も多いと思います。

先にもふれたように、国は２０２０年までに使用率80％を目標にジェネリックの使用を推進しています。やはり高齢化にともなう医療費拡大をなんとしてでも軽減したいという背景があるわけです。

したがって、ジェネリックを使うと、医師や薬局にインセンティブが出るような仕組みになっています。

まず、医師の場合。

ジェネリックを使うよう指示すると、先発医薬品を使うより保険点数（診療報酬点数）が上がります。皆さんご存じのとおり、保険点数とは医療行為の値段ですから、点数が高ければ高いほどお医者さんはもうかるわけです。このようなインセンティブを使ってまでジェネリック推しをしているというわけですね。

他にもジェネリック推進の仕組みがあります。医師が先発医薬品を指定して処方しても患者がジェネリックを希望すれば薬局でジェネリックにあっさり変更可能なのですが、**一方で、先発医薬品を指定したうえで「ジェネリックへの変更不可」と医師が指示しようとすると、署名欄への署名または記名・押印が必要になります。**

これは次から次へと患者さんがやってくる忙しい病院（現在はどの病院も大混雑で

す）実務において、余計な手間がかかってしまうのです。

次に、薬局の場合です。

同じくジェネリック使用によるインセンティブがあります。**ジェネリックが存在する医薬品のうち、一定以上の割合、ジェネリック医薬品を使用している場合には保険点数が上がるという仕組みがあります。当然、ジェネリック使用率が高ければ高いほど保険点数は上がります。**

そのため、薬局の場合は一定以上の割合、ジェネリックを使用するために、変更できる場合には患者さんにジェネリックを勧めるというわけです。

一方で、医師の処方せんで最初からジェネリックが指定されていたにもかかわらず、患者さんの希望でジェネリックから先発医薬品への変更をおこなう際には、処方した医師に連絡し変更の許可をとることが必要となります。これまた大混雑の薬局ではかなり手間のかかる作業といっていいでしょう。

以上のような背景があり、わたしたち一般市民はあらゆる方面からジェネリックを勧められているわけです。

また製薬メーカー側にもインセンティブやさまざまな制約があります。たとえば先発医薬品メーカーは発売当初の薬の形状を勝手に変更できません。発売後、ちょっと大きくて飲みにくいといった意見が寄せられても対応には多くの労力と時間がかかります。

一方、ジェネリックメーカーは先発医薬品の評判やニーズをふまえて薬の形状を決められるのです。先発医薬品メーカーにとっては不利な話ですよね。

また、国はジェネリック普及のために、ジェネリックメーカーに対しても要求を出して、環境整備をおこなうことで後発品の環境を整えてきました。

たとえば、先発医薬品の全規格をそろえること。

先発品Aに5ミリグラムと10ミリグラムと20ミリグラムの3種類の錠剤があり、最も頻繁に使用されているのは20ミリグラム錠だったとしましょう。ジェネリックメーカーとしては、20ミリグラムのバージョンのみジェネリックを作りたいところですが、国はそれを許しません。原則、5ミリグラム、10ミリグラム、20ミリグラムすべての規格を作るよう決められています（2015年12月に例外が認められるようになりました）。

過去には、採算のとれなさそうな製品について、1ロットだけ作って販売し、在庫が切れたら発売中止にしてしまう、というジェネリックがありました。

現在では、そのような「売り逃げ」をするメーカーは国が製造販売の許可を与えない、としていますし、ジェネリック発売後、少なくとも5年間は製造販売を継続し、すぐに販売を中止しないことなど、国が安定供給の指導をおこなっています。

あなたが飲んでいるのはジェネリック？ 先発医薬品？

ジェネリックの仕組みについて大枠をご理解いただけたでしょうか。

ところで、肝心なことですが、あなたが病院から処方されたその薬、ジェネリックなのか、それとも先発医薬品なのか、わかっていますか？

「薬の説明の紙を渡されたときに、ジェネリックですよ、みたいなことを薬剤師から言われた」

「受診前のアンケートで、ジェネリック処方〝可〟をチェックしたから、きっとジェネリックだと思う」

「先生がジェネリックだと言ったから、ジェネリックを飲んでいるはず」

「私の薬は最近出たばかりだと言っていたから、新しいジェネリックに違いない」

「薬代がすごく高いので、きっとジェネリックじゃないと思う……」

これらは、今までに実際に患者さんたちから聞いたコメントです。

あれだけジェネリック、ジェネリックと大合唱されていても、私たち一般人は

「ジェネリックを選ぶか否か以前の問題として、自分が飲んでいる薬がジェネリックかどうかも定かではない」が現実なんです。

ジェネリックメーカーは「自分で決めることが大切なんです」と言います。

国も、「ジェネリック医薬品を希望される場合は、医師・薬剤師にご相談ください」と言います。

あくまでも、「あなたが自分で希望してね」「あなた自身がジェネリックにするかを選んでね」と、自己責任でジェネリックを選ぶように誘導しているわけです。

けれども、自分が飲んでいるものがジェネリックなのかどうかわからなければ、判断のしようがありませんよね。

そしてほとんどの人が、飲んでいる薬がジェネリックかどうか、見分ける術《すべ》を持たないのが現実です。

先発医薬品とジェネリックの関係はシーチキンとツナフレーク!?

「自分の飲んでいる薬がジェネリックかどうか、どうしたらわかるんですか？　どうやったら見分けられるんですか？」

ジェネリック医薬品に対する意識が高まってきた２０１４年ごろ、こんなふうに聞かれ、私は非常に驚きました。

今となっては恥ずかしいことですが、当時は薬剤師として考えたこともない質問だったのです。

とっさに「えっ？　薬を見れば、わかるでしょ！」と思ったのですが、言われてみれば、当時は薬のパッケージにも処方せんにも、ほとんどの「くすりのしおり」にも、どこにも「先発品」とか「ジェネリック」とは書いていませんでした。

薬局で「ジェネリックに変えますか？」と聞かれることで、初めて「そうか、自分はジェネリックじゃない薬を飲んでいたんだ」とわかる程度です。

でも、言い訳をさせていただくと、「この薬がジェネリックか先発品かなんて、考えるまでもない」と、当たり前のこととして先発品とジェネリックを見分けている医療関係者が大部分です。

医師や看護師、薬剤師といったプロなら簡単に区別がつきます。なぜなら、それはジェネリックが作られる経緯と関係があるからです。

ある成分の薬として、最初に発売されるのは当然ながら「先発品」です。新薬の開発が始まると、「今度、こういう作用の、こういう効果の薬が出るらしい」という情報が、医師や薬剤師など医療関係者に向けて発信されます。

その後、ようやく発売というときには「期待の新薬」ですし、宣伝もたくさんされて、いろいろな資料も渡され、学会や専門誌でも話題になります。

再審査期間中（※）はジェネリック医薬品は発売されませんから、その間、先発品が認知され、広がっていきます。

（※再審査期間中：新しい効能や成分の薬（新薬）を発売した後、妊婦や小児、高齢者、他の薬を飲んでいる、合併症がある、など、臨床試験では除外されていた患者さんへの効果や安全性に問題がないかなどを検証するために調査をおこなう期間。国が新薬を承認する際に4〜10年と薬ごとに決める）

そして、先発品の発売から8〜10年経って、ジェネリックが発売される頃には、医療関係者はとっくに先発品の名前でその薬を認識・記憶していますから、後発品であることは、容易に区別がつきます。「あぁ、あの薬のジェネリックが出る時期になったんだ」と思って終わりです。

しかも、２００９年の時点でもジェネリックのシェアは2割にすぎませんでした。圧倒的に先発品を見ることが多かった医療関係者にとっては、「考えるまでもないもの」「間違えようがないもの」だったのです。

わかりやすいたとえを使うなら、「シーチキン」（はごろもフーズ・先発品）とイオンのトップバリュブランドの「ツナフレーク」（後発品）のような関係でしょうか。

はごろもフーズのシーチキンを見て、トップバリュのツナフレークを模倣した商品（ジェネリック）だと誤解する人が少ないように、医療関係者の中では、先発品が何年も前から知られている関係上、先発とジェネリックの見分けがつかない薬は、ほぼないと言えるでしょう（よほど昔に発売された薬くらいしかありません）。

図3　主なジェネリックメーカーと先発医薬品メーカーの特徴

ジェネリックメーカー	
日医工	2015年度売上高1,435億円とジェネリックの売上高No.1企業。内服薬だけでなく注射薬・外用薬と合わせて924品目の幅広い製品ラインナップを持つ。
沢井製薬	2015年度売上高1,234億円。生活習慣病医薬品など約680品目を取り扱う。
東和薬品	2017年1月現在の日本ジェネリック製薬協会の会長は東和薬品の社長が務めている。取扱い品目数709品目。
武田テバ	イスラエルの世界最大級のジェネリックメーカー「テバファーマスーティカル」と武田薬品との合弁会社。
ニプロ株式会社	子会社ニプロファーマがジェネリックを担っていたが、体制変更のため2013年12月にニプロが承継。注射剤のキット剤やパッチ剤など特徴的な製品も多い。
ダイト株式会社	元々は富山の置き薬の会社。経口剤(飲み薬)の製造に特化している。自社で販売をおこなっておらず、販売はすべて他社に委託している。
エルメッドエーザイ	1996年創業。他社に先駆け、先発品にそっくりなジェネリックではなく、飲みやすく工夫された製剤と一般名を用いた名称のジェネリックを製造している。

先発医薬品メーカー　★はグループ内にジェネリックメーカーを持つ会社	
武田薬品工業★	日本最大の製薬メーカー。消化器・循環器・精神疾患からがん領域、OTCと網羅された製品を持つ。本社所在地は大阪の薬の町である道修町。
ファイザー★	米国最大、世界でもノバルティス(スイス)と1、2位を争う製薬会社。巨大企業同士の合併を2000年前後より繰り返している。
アステラス製薬	2005年に山之内製薬と藤沢薬品が合併して誕生。2015年の海外売上高比率は63.8%と武田を抜きトップ。医療用医薬品に特化しており、マキロンなどのOTCは第一三共グループへ譲渡。
大塚製薬	ポカリスエットやオロナインH軟膏の会社として有名だが、輸液(大塚製薬工場)や精神・神経疾患など医療用医薬品の売り上げも大きい。2010年上場。
第一三共★	ロキソニンやメバロチンと言った、日本発の新薬を創薬してきた会社。スローガンは「イノベーションに情熱を。ひとに思いやりを。」
エーザイ★	社名の由来は旧社名「日本衛材株式会社」から。自社開発品が多い。認知症治療薬「アリセプト」を持つ。エルメッドエーザイは関連会社。
中外製薬	社名は日本語、社長も日本人だが、2002年よりスイスの大手医薬品メーカーであるエフ・ホフマン・ラ・ロシュ社のグループ企業。抗がん剤に強み。
久光製薬	処方薬ではモーラステープ、OTCではサロンパスで有名なシップ薬(貼付剤)の会社。企業使命は「貼付剤による治療文化を世界へ」。本社は佐賀県鳥栖市。

ひとめでわかる！ジェネリックの見分け方

それでは、医療関係者以外の一般の患者さんは、先発品とジェネリックをどうしたら見分けられるのでしょう？

毎回、インターネットや書籍で調べたり、薬を受けとるときに確認するしかないのでしょうか？

実は、多くの場合、薬の名前の意味するところはわからなくても、名前からジェネリックだと簡単にわかります（一部当てはまらないものもあります）。

覚え方は、

名前の最後が「○○○（製薬会社名）」となっているものはジェネリック医薬品。

これだけです。

この○○○には、そのジェネリックを作っている製薬会社の名前が漢字やカタカナやひらがな、アルファベットの略号で入ります（ジェネリックメーカーの会社名の例：「日医工」「トーワ」「ＳＷ」「あすか」など）。

たとえば、『カルボシステイン錠５００mg「トーワ」』というふうに。

というのも現在、新たに発売するジェネリック医薬品は、

・**一般名＋含有量＋「メーカー略称」**

というルールで、名前が付けられているからです。

たとえば、２０１５年にジェネリックが初めて発売された、「プラビックス」という薬（※）を例にあげましょう。現サノフィ株式会社が２００６年に発売した薬です。

（※抗血小板剤という、血栓ができないようにして血管が詰まらないようにする薬。脳梗塞など

の脳の血管がつまる病気の再発予防や、動脈に血栓ができて血管が詰まらないようにする、冠動脈にステントを入れる手術の後、血栓が詰まるのを予防するためなどに使われます）

この薬の一般名は「クロピドグレル硫酸塩」と言います。

一般名というのは、成分の名前、成分名のことです。

そして、この薬には25ミリグラムと75ミリグラムの規格があります。

ということは、この薬の75ミリグラム錠のジェネリック名称は

- **クロピドグレル錠75mg「○○○」**

という名前になります。

実際、ジェネリック大手の沢井製薬が販売しているものは

- **クロピドグレル錠75mg「サワイ」**

という名前です。

このように、

・薬っぽい名前＋含量＋「社名（略号含む）」

という組み合わせで名前ができていたら、それはほぼ間違いなくジェネリックです。

「飲んでいる薬がジェネリックかどうかわからない」と言われたときに、ジェネリック推進！という議論は、ジェネリックを飲む患者さんたちを置き去りにしているのではないだろうか？という疑問が浮かびました。

医師・薬剤師・看護師などの医療関係者や、ジェネリック普及賛成派、ジェネリック反対派も含め、ジェネリック推進可否の議論に参加しているのは、少なくとも、ジェネリックか先発品かを見分けられる人たちです。

しかし、一般の大部分の患者さんは、自分が飲んでいる薬がジェネリックかどうかもわからない――。

薬剤師として、この大いなるギャップの解消に努めていきたいと思います。

先発医薬品と後発医薬品各メーカーの仁義なき戦い

国を挙げてジェネリックを推進している現状ですが、では先発医薬品メーカーの経営は傾かないのでしょうか？

先発医薬品メーカーは103ページの図3でもご覧いただいたように、規模の大きな（グローバル企業もあります）製薬メーカーばかり。新薬の開発・研究には莫大なコストがかかるため、体力のあるメーカーしかできないのが実状です。

一方で、ジェネリックメーカーの多くは中小企業。富山の薬売りに由来する、規模は大きくないが消費者密着型の薬を作り、販売している会社などもジェネリックを製造しています。

国が中小企業であるジェネリックメーカーにどれほど肩入れしようとも、先発医薬品メーカーに追いつくようなことは難しいわけです。

とはいえ、先発医薬品メーカーにとっても、新薬にかかったコストをようやく回収し終わり、次の新薬開発費用を稼がなくてはならないタイミングで、ジェネリックメーカーに市場をとられてしまうのは頭の痛いところです。

そんなわけで、さまざまな策を講じています。大手の先発医薬品メーカーがジェネリックメーカーを買収して子会社化するケースや、自社のグループに新たにジェネリック部門として会社を作るケースなどなど……。

逆に、以前は新薬開発とジェネリックの両方をおこなっていたけれど、コストのかかる新薬開発をあきらめてジェネリック専業メーカーに転身する企業もあります。どちらが良い・悪いということではないのですが、生き残りのための競争は激しくなるばかりです。

ジェネリックの普及により、ジェネリックの元となる先発医薬品（新薬）を製造している製薬メーカーが大きな影響を受けていることは事実です。

そもそも新薬とは何か、そして製薬会社はどのようにして新薬を作っているのかについても知っておきましょう。

・**先発医薬品**（別名：新薬、新医薬品、先発品）

研究開発をおこない、新しい成分の有効性・安全性が確認された後、国の承認を受けて発売された医薬品のことを指します。

発売された後も一定の期間（再審査期間）、有効性・安全性について確認することが開発した企業に義務づけられています（製薬協ホームページより改変。製薬協は、主に先発医薬品を作る研究開発型の製薬企業の任意団体）。

先発医薬品の開発は、薬になりそうな物質（化合物）を探すことから始まります。

植物に含まれる成分や微生物が作る物質などを取り出したり合成したりすることもあります。また、すでにある物質の効果を強めたり副作用を弱めるべく、構造を少し変えたものを合成したりもします。

そして、その物質に本当に望む効果（ベネフィット）があるか、また、効果に対して、副作用などのリスクは大きすぎないかなどを、まずは基礎研究（動物実験など）で確かめます。

同時に、せっかくその物質に効果（薬効と言います）があり、副作用も少なそうだとしても、物質として安定して製剤化できなければ薬にはなりません。

たとえば、室温で１時間もすると分解して別の物質になってしまうのであれば、飲み薬にも注射剤にもできません。消化管で吸収されなければ、飲み薬にはできず、注射剤にするか、あるいは一度吸収されて血中に入ってから、本来の物質に戻るような構造にしなければなりません。

さらに、湿気に弱かったり、苦すぎて飲み込めない等であれば防湿パッケージにしたり、錠剤をコーティングしたりカプセルにするなどの工夫も必要です。

こうして、どうやら薬になりそうだ、と基礎研究でわかるまでに５～８年かかると言われています。その後、実際にヒトで副作用がないか、本当に効果があるか、どんな用法・用量が最適かなどの臨床試験を3～7年おこないます。

このように、1つの薬（新薬）が世に出るまでには10年以上かかります（場合によっては20年、30年かけて開発される薬もあります）。

もちろん、物質を見つけても思うような薬効がなかったり、思いのほか副作用が強かったりということも多々ありますから、薬の候補として研究を始めた化合物が、新薬として世に出る成功確率は、3万5911分の1という難しさです。

（出典：製薬協 DATA BOOK 2012）

というわけで、新薬は膨大な時間とお金、労力が注ぎ込まれた結晶といえるでしょう。体力のある大手製薬メーカーにしかできないのが新薬開発なのです。

一方、後発医薬品（ジェネリック医薬品）メーカーは、前述のとおり、先発医薬品メーカーの膨大な研究とコストの成果である薬を特許（正確には製法特許と物質特許）が切れてから、後発医薬品を製造し、安い価格で販売します。

国の全面的な後押しもあり、安価なジェネリック医薬品の普及が進んでいますが、先発医薬品メーカーがその開発コストを回収しにくくなっていることも、また事実です。

ジェネリックの品質はだいじょうぶ？

後発品メーカーの団体である医薬工業協議会が、現在の日本ジェネリック製薬協会（GE薬協）に名前を変えたのが２００８年ですので、おそらくこの頃には「ジェネリック医薬品」という言葉が定着していたと考えられます。

「定着した」というよりは、ジェネリックメーカーの啓蒙活動で「定着させた」というほうが正しいでしょう。

今の若い医師や薬剤師はあまり言いませんが、２０００年くらいまでに医薬・医療業界に関わった人なら、「ゾロ品」「ゾロメーカー」という言葉を聞いたり使ったりしていたことがあるはずです。

新薬の特許が切れた後にゾロゾロ発売するから「ゾロ品」、ゾロ品を製造・販売するメーカーを「ゾロメーカー」というわけです。

ゾロ品というと、先発品よりも品質が劣り、安定供給も危なっかしく、ゾロゾロ出るわりには、というか、ゾロゾロ出るからこそ、もうからないとなったら市場からすぐに撤退してしまい、医薬品の供給責任を果たさない――。

そんなネガティィブなイメージが、以前はつきまとっていました。

一方、後発品メーカーは、「ジェネリック医薬品」という言葉を啓蒙し普及させることで、「ゾロ品」というイメージの悪い俗称を使わないようにし、後発品のイメージアップを図ってきました。

また、品質についても、「ジェネリック医薬品質情報検討会」が国立食衛生研究所に設置され、品質の検証が行われています。

製品名をメーカーの独自名称から一般名を用いた新しいルールにのっとって変更をおこなったり、全国販売体制を整えたりと、使用推進のため、後発品メーカーも努力をおこなっています。

第3章
ジェネリック医薬品は、だいじょうぶ?

コラム

海外のジェネリック事情

ジェネリック医薬品は日本より海外のほうが普及しています。厚生労働省の資料によると、アメリカでは処方薬の、実に80％がジェネリックです。

ジェネリックの普及の背景にあるのは、主に次の2つの理由です。

Ⅰ　保険制度がないため、医療費の個人負担が大きく、ジェネリックの需要が高い

（アメリカでは）皆保険制度ではないので、個人により使用できる保険が異なります。保険内容によっては「高価な先発医薬品はこの保険ではカバーできない、保険でカバーできるのは安いジェネリックのみ」というケースもあります。

またドイツやイギリスなど公的保険制度が存在している国でも、日本とは異なり金額制限があるため高価な先発医薬品を使えず、ジェネリックが使われる傾向があるのです。

裏を返せば、日本は皆保険制度の存在により、高い先発医薬品でも軽い負担（安い価格）で使うことができるという理由からジェネリックが普及する余地がなかったというわけです……これまでは。もちろん、今後は状況が変わっていくでしょう。

2 ジェネリックメーカーの規模が巨大で、開発力・販売力・宣伝力が高い

日本では主に、「置き薬」を販売していたような小さなメーカーや、開発・宣伝に大金をかける余裕がない中小メーカーが後発医薬品会社になっているケースが多数です。

一方、海外のジェネリックメーカーはそれと比較にならないほど大きいのが特

徴です。

先発医薬品メーカー並みのグローバルジェネリックメーカー、たとえばテバ製薬工業は売上高約2兆円規模とけた違いです（ちなみに日本最大のジェネリックメーカー日医工の売上規模は約1500億円）。これらのメーカーの高い開発力・販売力がジェネリック普及に一役買っています。

このように海外と日本では大きく背景が異なります。

そんなわけで「欧米ではジェネリックが当たり前だから日本でもそうなるべきだ」というような主張には、あまり説得力が感じられませんね。

第4章

「薬は危険」は本当か？
危険度と副作用を知る

医療者と患者の「安全」に対するイメージの違い

薬の「安全」や「効果」について、同じ言葉を使っているけれど、医師や薬剤師、看護師などの医療関係者と、薬を飲む側である患者さんでは、大きなへだたりがあるようです。

かみ合わない原因にもなっている副作用や薬の効果についての受け止め方の違いについてご説明します。

あなたは薬を飲むとき、表示されている効果以外のことが起きるかもしれない、と考えていますか？

それとも、副作用が起きるかもしれない、と思いながら薬を飲んでいますか？

薬の重い副作用がニュースになると、テレビのコメンテーターが「そんな危ない薬を使っているなんて！」と怒りのコメントを発します。

「国の審査体制はどうなっているんだ！」「我々は医者を信じるしかないのに、こんなに危ないものを飲まされていたなんて許せない」などと言われることもあります。

ＯＴＣ（医師が診察して処方する薬ではなく、薬局で一般の人が買える薬）で副作用や殺人事件が起きると、テレビの報道番組で「こんな危ないものを、誰でも買えるようにするのは危険すぎます！」という、「誰でも買えるもので、危ないものを売ってはいけない」というコメントに、スタジオ一同がうなづく、という光景もよく見られますね。

以前、解熱鎮痛剤であるアセトアミノフェンが殺人事件（１９９５年・本庄保険金殺人事件）に使われたことがありました。

このときには、「こんなに危ない薬が、子ども用としてまで使われている、大量に誰でも買うこともできるなんて、国民の安全がないがしろにされている！」という類《たぐい》のコメントが、報道番組のコメンテーターから出されていました。

普段は「日本は規制が厳しすぎる！　アメリカなら薬局で自由に買える薬が日本では病院に行って医者から出してもらうしかないんです！」「それどころか、日本では海外で標準治療薬として用いられている薬ですら、認可されていないものもあるのに！」など、**どちらかと言うと、日本の薬の「規制の強さ」「海外に比べた承認の遅さ」がやり玉に挙げられることが多いのに、事故が起きた瞬間、「規制がゆるいから事故が起きる」と論調がひっくり返ります。**

日本の薬局で買える薬（ＯＴＣ）は、本当に殺人事件が起こせるほど危ないのでしょうか？

先ほどのアセトアミノフェンを使った本庄保険金殺人事件について考えてみます。

アセトアミノフェンは、昔から世界中で使われている解熱剤です。
アセトアミノフェンの歴史は非常に古く、１８９３年から薬として使われた、という記録があります。

お子さんのいらっしゃる方なら、子どもが熱を出したときに医師から「アンビバ」「カロナール」という名前の坐薬や飲み薬を処方されたり、妊娠中に熱を出してどうしても解熱する必要があったとき、「カロナール」「パラセタ」といった薬を処方されたことがありませんか？

赤ちゃんや妊婦さんの解熱に第一選択として使われるほど、安全な薬として、医療関係者には認知されています。

日本中毒データベースによると、

成人で１５０～２５０mg／kg１回の摂取で重篤な肝毒性を引き起こす閾値と

いわれ、３５０mg／kgではほぼ１００％で重篤な肝障害を起こすとされる。
そして、経口での致死量は13～25gと報告されている。
また、10～12歳以下の小児では（中略）、成人よりも肝毒性が発現しにくいといわれている。

という、「危険」に関する数値があります。

体重50kgの人であれば一度に７・５g～12・５gで肝臓に重篤な障害が起きはじめ、17・５gを一度に飲むとほぼ１００％重篤な肝障害が起きる、ということです。

アセトアミノフェンの1回に飲む量は、大人が痛み止めとして飲むなら３００～１０００mg、４～6時間の間をあけることと、１日の投与量は４０００mgまで、となっています。

ＯＴＣ（市販薬）のアセトアミノフェン（商品名でいえば、たとえばタイレノールなど）であれば、１回３００mg、１日3回まで、服用間隔は4時間以上あけること、となっています。

つまり、アセトアミノフェンを普通に痛み止めとして飲む場合は、重篤な肝障害が起きはじめる量の１／７から１／25くらいの量しか飲まないこと、となります。

これは、普通に飲んでいればアセトアミノフェンで問題が起きることはほとんどないという数値です。

どんな薬にも副作用がありますが、毒性が確認されている量の１／25の量で効果のある薬は安全な薬です。

また、タイレノールは大きな箱でも20錠、アセトアミノフェンにして６ｇです（１錠３００mg）。

ということは万が一、１箱全部を一度に飲んでも、ある程度の身体の大きさ（体重50kg）がある大人であれば、通常、重篤な肝障害は起きない、ということがこの数値からわかります。

この数字を見て、「1箱飲んでも、死なないんだ」と思うか、「ドラッグストアで2箱くらい一度に買えるし、やっぱりいたずらや犯罪に使われたり、うっかり飲んでしまったりしたら危ないのでは？」と思うかは、それぞれでしょう。

とはいえ、1錠が300mg以上あるような比較的大きな錠剤を20錠以上一度に飲む、ということを想像すると、そんなに飲めるものではない、というのも事実です。

「殺人に使われた薬」というイメージと「うーん、通常用量だと大丈夫だな」という感覚の違い。

これこそ、実際に飲む患者さんと、薬を処方したり調剤したりする医療者の感覚の違いにほかなりません。

「副作用」に対する考え方の違い

仕事柄、「病院でもらったこの薬を飲んだら気持ちが悪くなったんだ！」など、薬の副作用についての話をよく訴えられます。

医療者が「安全な薬です」と言う場合、それは「副作用がまったく起きません」「あなたに副作用が起きることはありません」という意味ではないのです。「多少、頭が痛くなったり、気持ちが悪くなったり、発疹があったりするかもしれませんが、死んだり入院が必要になったりするような副作用は、まぁ起きないでしょう」くらいの意味です。

薬を飲む人にとっては、「薬で副作用が起きないことが大前提」ですが、医療者にとっては「薬で大きな副作用が起きないことが前提」であり、「薬のせいで

多少具合が悪くなったとしても、必要な薬は使う」が基本です。

私にも経験があります。

以前、ある薬（Bとしましょう）を飲んでいたときのことです。

Bを飲みはじめて以来、便秘や手の震えが起きるようになりました。

さらに、更年期障害のように突然、大量の汗をかくこともあり、診察日ごとに先生に副作用のことを訴えました。

ところがです。

先生は「そうですか。気のせいかもしれませんよ」と言うのみです。カルテにまったく記載しません。ありていに言って「聞き流している」のです。

診察室に入室してわずか3分。すでに今日の診察は終わりだ、というように電子カルテの私のページを閉じています。

聞いたことがない副作用や、Bの副作用でなさそうな症状なら仕方がありません。しかし、便秘も震え（震戦）も多汗も、Bの添付文書（薬の解説書）には、しっかり記載されています。

つまり、「起きることが十分考えられる」副作用なのです。

当然、副作用の出ない他の薬に変更してもらいたいところですが、多少の副作用は大前提と考える医師側にとっては、「ちょっとぐらい我慢しなさい」という思いなのでしょう（もちろんすべての医師がそうだというわけではありませんが）。

実は、薬の副作用を医師や薬剤師、看護師などの医療従事者が知ったときには、国への報告義務があります（具体的には、医療機関から直接、国（厚生労働省管轄の医薬品・医療機器総合機構）に報告するルートと、医療機関からその薬を製造販売しているメーカーに報告し、メーカーを通じて国に報告するルートがあります）。

しかし、カルテにも記載せずに話を聞いていた医師が、国やメーカーに報告しているとはとても思えません。

患者が我慢してなんとか服用を続けられる程度の副作用については、医師はまったく気にしていないことを実感した瞬間でした。

ロキソニン・ショックが意味するもの

2016年の3月に、有名な痛み止め（解熱鎮痛薬）の「ロキソニン」がニュースやインターネットで大きな話題になりました。

ロキソニンおよび同一成分（ロキソプロフェン）のジェネリックの添付文書（薬の説明書）の「重大な副作用」の項目に、「小腸・大腸の狭窄《きょうさく》・閉塞」を追加するよう国から改訂指示が出された、という内容です。

インターネットでの反応は、「OTC（市販薬）でも販売され、医療用として30年も長く広く使われている薬なのに、今さら重大な副作用が見つかった！」という論調でした。

このようなニュースが出ると、当然ですが飲んでいる患者さんは不安になり、医師や薬剤師への相談がどっと増えます。中には、ロキソニン以外の薬に変更してください、という患者さんも出てきます。

自分の飲んでいる薬について「副作用が危ないらしい」という情報を耳にしたら誰でも不安になるのは当然です。

しかし、多くの医師や薬剤師にとって、この添付文書改訂がニュースになるとは思っていなかった、というのが本当のところです。

そこで、なぜこのような患者さんと医師・薬剤師などの医療者で「副作用」に対する温度差が発生してしまったのだろう？　と考えました。

結論から言うと、「重大な副作用」という言葉に対する印象や理解の違いです。

今回の報道で、「重大な副作用」とは、一種の「専門用語」であることを痛感しました。

薬の「重大な副作用」という言葉は、医療関係者にとっては、「入院したり後

遺症が残ったり、死亡したり、死亡する恐れがあるような重い症状を引き起こす副作用」という意味です。

症状の重篤度（重さ）のみのカテゴリーですので、ここに「どのくらい起こりやすいか」という発生率の意識はありません。**「重大な副作用」という言葉に「頻度」の情報が入っていないことを知っているからです。**

しかし、患者さんにとっては「この薬を飲むことについて、重大な影響を及ぼす副作用」と考え、「よく起きる（だから自分にも起きるかもしれない）副作用だろう」という気持ちが働き、不安になるのです。

では、今回のロキソニンの場合、実際に「高確率で起きる」という事実はあったのでしょうか？

結論から言うと、頻度は「不明」です。

薬の解説書である添付文書にも「頻度不明」と書かれています。

薬の副作用の頻度（起きる確率、パーセンテージ）というものは、薬が長く使われるようになると、分母がわからないので頻度が算出できないからです。

しかし、医療関係者にとっては、ロキソニンは１９８６年の発売以来、30年にわたって、しかも多くの人に使われている薬だということを考えると、今まで添付文書の記載が必要になるような腸閉塞は起きていなかったとすれば、「そここそ安全な薬だ」と考えます。

「添付文書に記載するほど、小腸・大腸の狭窄・閉塞の頻度が集積されたんだな、いまだに新しい副作用が報告されているんだ」と思ったのが医療関係者。

「腸閉塞のような怖い副作用が起きる薬だったなんて！」と強く反応したのが、一般人。

「添付文書の副作用はどのように記載されるか」という情報認識の違いが安全イメージの違いにつながった例と言えるでしょう。

私は、両者の間に横たわる、この大きな溝を埋めていくことが今後必須となっていくと考えています。

安全性に対するこの20年の世の中の変化

日本人は安全性にセンシティブな国民です。

どんなに効果があるとわかっていても、大きな副作用がある薬は、開発段階で副作用を理由に開発を中止することも多いのです。

副作用というリスクと、効果というベネフィットを比べたときに、通常、リスクのほうが大きければ、それは薬ではなく「毒」でしかありません。

しかし、リスクが同じ大きさでも、ベネフィットがより大きければ、それは「薬」になります。（図4参照）

けれども、この20年で、少しずつ「安全」の考え方が変わってきました。

図4　リスクとベネフィットの考え方

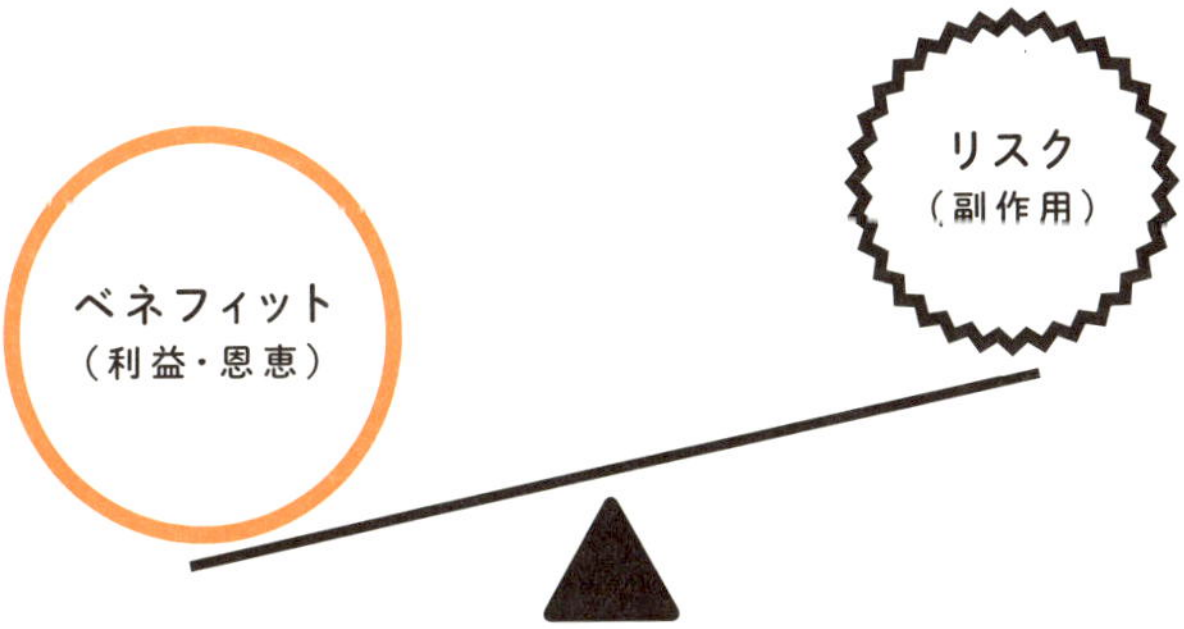

ベネフィット（利益・恩恵）＞リスク（副作用）＝薬

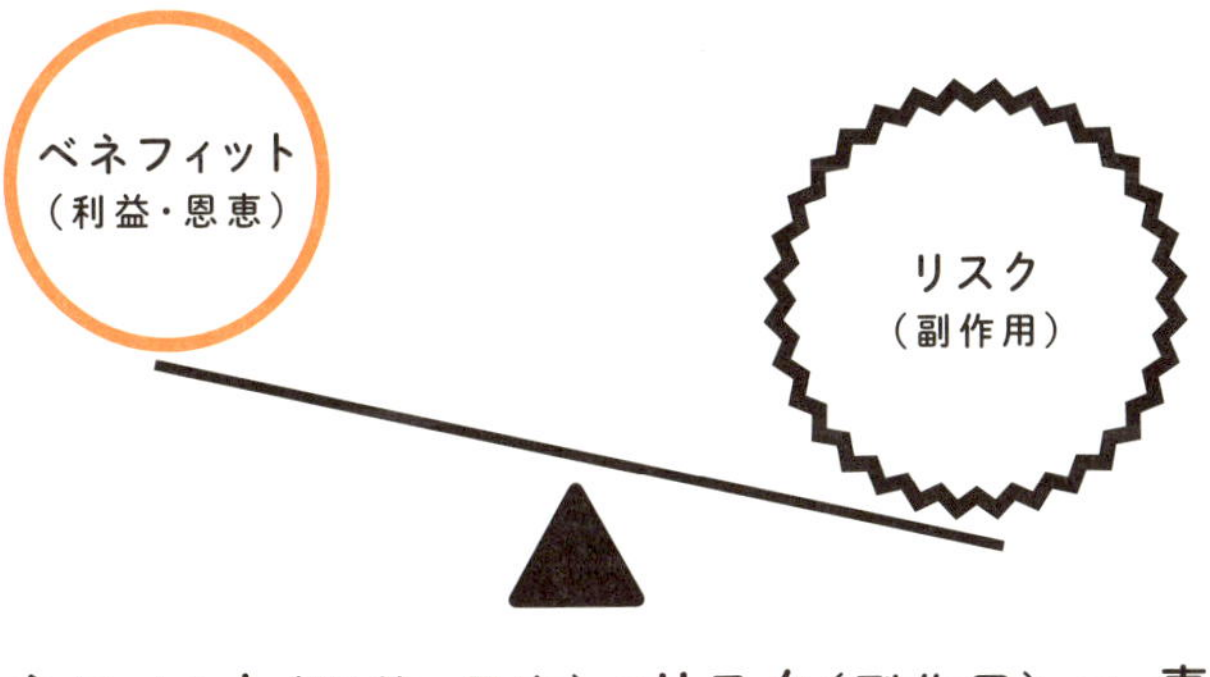

ベネフィット（利益・恩恵）＜リスク（副作用）＝毒

以前は大きな問題となる副作用が起きた場合、その薬は発売中止になり、世の中から消えました。安全性を重視するなら、それも仕方がないと考えられていました。

ところが、です。

複雑な病気や治療の難しい病気の薬を開発したり、同じ病気に対してもよりピンポイントに、より効果のある薬を出そうと思うと、重い副作用があっても世に出したい薬や、必要としている人がいる薬が増えてきました。

たとえば、副作用が強くても、その病気による死亡率が高くて他に治療薬がない場合などです（もちろん、ここには国の安全対策や、科学の進歩などの要因があります）。

そのような薬に対して、「危ないものはとにかくダメ」から、「効果があるならば、どうやったら安全に使えるかを考えよう」という方向に、考え方が変わってきました。

具体的には、どのように変わってきたのかを、実在した3つの薬でお話しします。

安全性を理由に撤退した薬「ソリブジン」

1993年9月に、ソリブジン（商品名：ユースビル）という、帯状疱疹《たいじょうほうしん》の薬が発売されました。それまでの薬とは骨格となる構造が異なる、強力な薬として登場しました。

しかし、フルオロウラシル（商品名：5－FU）という抗がん剤との相互作用が問題となります。両方の薬を併用すると、フルオロウラシルを代謝する酵素をソリブジンが阻害してしまうため、フルオロウラシルの血中濃度が高くなりすぎてしまい、血液や消化管の重い副作用が起きてしまうのです。

発売してから約1年の間に、併用により死亡例14例を含む23例の被害が起きました。

結果として、緊急安全性情報の配布などの対策をしたのですが、発売元の会社が出荷停止、製品回収をし、発売からわずか1年2か月で、ソリブジンは姿を消しました。

ソリブジンそのものの副作用ではなく、フルオロウラシルとの相互作用が問題だったわけですから、フルオロウラシルを使用していないことを確認できれば、使い続けられる薬でした。しかし、それでもソリブジンは姿を消したのです。


当時の時代背景として、仕方なかった部分もあります。

まだ、安全対策を強化して販売を続けよう、という意識も方法も今ほど確立していませんでしたし、そのための環境も整っていませんでした。


当時はまだ、患者さん自身が自分が何の薬を飲んでいるかを知りようがない時代です。今とは違い、PTPシート（薬のパッケージ）に製品名も書いてありません。PTPシートの端にアルファベットで製品名が書いてあっても、患者さんに渡すときにはその部分をわざわざ切り離して渡すような時代です。

自分が何の薬を飲んでいるのかをどうしても知りたければ、錠剤の刻印やカプセルの印字から書籍などで調べるしか方法がありませんでした。

さらに、当時はまだ、がん患者さん本人への告知が今ほど一般的ではありませんでした。

ですから、ソリブジンを処方された患者さんに「フルオロウラシルを飲んでいますか？」と聞くこと自体考えられません。万が一聞いたとしても、自分がどんな薬を飲んだり注射されたりしているのか、患者さん自身がわかっていないので答えられないのが当たり前でした。

しかもフルオロウラシルは抗がん剤ですから「では、どんなご病気で（病院に）かかっていますか？」と聞くわけにもいかず、相互作用のチェックのしようがなかった、というのがソリブジンの時代でした。

違う病院で出された薬でも、院外処方してもらえば、薬局でチェックできたのでは？　と、今の私たちは考えます。

しかし、１９９３年度の処方せん受け取り率（医薬分業がどのくらい進んでいるかの指標）は15・8％。8割以上の患者さんが、診察を受けた病院で薬をもらっていた時代です。

ソリブジン事件を受けて、このようなことを繰り返さないようにチェック機能を期待して、患者の診察・薬剤の処方を医師がおこない、調剤や服薬指導は薬剤師がおこなうという医薬分業が進みました。2年後の1995年度には20・3％、2000年度には34・8％と、どんどん医薬分業が進んでいきました（日本薬剤師会「医薬分業進捗状況」より）。

おくすり手帳などの、自分がどんな薬を飲んでいるのかを患者さん自身がわかるようにしようという取り組みも、このソリブジン事件の反省から生まれました。

その後の薬についての安全対策を生むきっかけになったソリブジン事件。2008年のファムシクロビルの発売まで、新しい系列の帯状疱疹の薬が出なかったことを考えると、もう少し時代が進んでいたら、安全対策ができていたら、効果の高い薬として残ったかもしれない薬でした。

安全性一辺倒からの変化「ゲフィチニブ（イレッサ）」

数年前、ゲフィチニブ（商品名：イレッサ）という抗がん剤で事件が起こりました。

世界に先駆けて日本で発売された薬ですが、不幸にして「間質性肺炎」という重大な副作用が問題になりました。2002年7月の発売から2006年3月までの約4年間で、ゲフィチニブ服用後の急性肺障害・間質性肺炎等の副作用で643人が亡くなっています。

イレッサでは、この副作用による被害について2004年に「イレッサ訴訟」と呼ばれる訴訟が起きました。

イレッサの副作用により死亡した患者さんの遺族が、製薬会社と国を訴えたのです。東京と大阪のそれぞれで訴えがあったため、東日本訴訟・西日本訴訟と東西で裁判がおこなわれました。

最終的には、二審の東京・大阪の両高等裁判所が、製薬会社と国の責任を一部認めた一審の地裁判決を破棄し、最高裁は原告（患者遺族）側の上告を棄却し、製薬会社と国の責任は否定されたのですが、一審で製薬会社と国の責任が一部認められたときには、大変驚きました。

というのも、イレッサの添付文書には、最初から「重大な副作用として間質性肺炎が起きることがある」ということがはっきりと書かれていたのです。

それなのに、「添付文書等における十分な警告などの安全性確保措置を怠った」として、訴えられたわけです。

「副作用が起きる可能性について、添付文書に書かれていても訴訟を起こされる」としたら、何をすれば、国や製薬会社は十分な対策をしたと認められるのだろう？　と私は裁判の行方を見守っていました。

この事件について、「ソリブジンの頃からすると、ずいぶん変わったな」と感じたのが、国や製薬会社の対応であり、世論でした。

もちろん、副作用に対して「もっと対策できなかったのか？」という意見も多かったですが、

「イレッサでしか救えない患者から治療機会を奪わないでほしい」

「ありとあらゆる未知の危険性まで予測しなければならないなら、画期的な薬を今後日本で出すことが難しくなってしまう」

等々、効果や今後に着目したコメントが散見されました。

何より、国と製薬会社の責任を一部認めた一審判決の後、原告からの上申により、裁判所が和解勧告を出したのですが、国と製薬会社は、勧告を拒否して戦い、その結果、二審の「責任はない」という判決が出たのです。

さらに２０１１年、臨床試験により、ゲフィチニブは効果があると期待される『ＥＧＦＲ遺伝子変異陽性の』手術不能又は再発非小細胞肺癌」に適応が変更さ

れました。

もちろん、薬で命を落とされた方やそのご遺族の無念さは計り知れません。

しかし、薬の難しいところですが、「100%安全な薬」というものは存在しないのです。ましてやイレッサは抗がん剤です。副作用の多さや強さ、そのリスクは一般的な風邪薬などとは比較になりません。

「危ないものはすべてダメ」ではなく、薬には「リスクがつきまとうこと」を理解したうえで、できるだけ安全に薬を使っていこうというふうに、薬に対する認識が変わってきているのを感じた事件です。

安全対策で現代によみがえった薬「サリドマイド」

日本の代表的な薬害事件といえばエイズかサリドマイドか、というくらい有名なサリドマイド事件。

１９５７年に西ドイツで、１９５８年に日本で発売された睡眠薬で、妊婦が飲んだことで胎児に重い先天異常が起こりました。日本で認定された患者数は３０９人、世界では約３９００人、30％の死産を考慮すると推定５８００人の犠牲者を出した事件です。

日本では睡眠薬のほか、「プロバンＭ」という神経性胃炎の薬として販売され、特に「妊婦にも安全」と宣伝したために妊娠時のつわりに使われ、胎児被害が増加しました（公益財団法人いしずえより）。

さらに、西ドイツでは１９６１年に販売が中止され、市場の製品も回収されましたが、日本では10か月後の１９６２年まで販売が継続されたこと、回収が徹底されなかったことから、１９６９年まで被害が続きました。

そんな「危ない薬」の代名詞だったサリドマイドですが、２０１３年2月時点で、10か国以上の国で販売されています。日本でも2008年に再承認されました。

もちろん、睡眠薬として、ましてや神経性胃腸炎の薬としてではありません。「再発又は難治性の多発性骨髄腫」と「らい性結節性紅斑」のオーファンドラッグ（※）として承認されたのです。

（※オーファンドラッグ：希少疾病《きしょうしっぺい》用医薬品とも呼ばれ、難病といわれるような、患者さんの数が少なく治療法も確立されていない病気のための薬のこと。製薬協ホームページより）

サリドマイドには大きなリスク（強い催奇形性）があります。一方、現在の睡眠薬には、効果があってサリドマイドよりもよっぽど副作用の少ない安全な薬がたくさんあります。

そこから考えると、睡眠薬として見た場合、サリドマイドはベネフィット（利益・恩恵）よりも、リスク（副作用）のほうが大きい薬です。つまり、睡眠薬として見た場合、サリドマイドは薬というより毒に近いのです。

しかし、他に治療薬がない病気の薬になるのなら、その病気（再発又は難治性の多発性骨髄腫やらい性結節性紅斑）に対するベネフィットは、睡眠薬としての役割よりも大きいのです。

そして、最大の問題であった「催奇形性」は、妊娠を防ぐことを徹底すれば、リスクを限りなく小さくすることができます。

結果として、135ページの図4のようにベネフィットがリスクを上回れば、それは薬として役に立つのです。

過去の悲劇を繰り返さないために、サリドマイドを安全に使用するTERMSというシステムが作られ、安全管理が徹底されています。

物質（サリドマイド）そのものが持つ危険性（リスク）を、取り扱いを工夫することで小さくし、サリドマイドを希少疾病の薬としてよみがえらせたのです。

そのような意味で非常に画期的な経緯をたどった薬と言えるでしょう。

以上、3つの特徴的な薬のエピソードを通じて、

- **以前：とにかく、重い副作用が起きる薬はダメ！**

↓

- **現在：薬に副作用はつきもの。その中で、できるかぎり安全に使用する方法を作る**

というように、時代とともに薬の「安全」に対するイメージが変遷してきたことをわかっていただけたでしょうか。

薬を飲めばすべて解決するという誤解

実は、患者さんにも薬に対する大いなる思い込みがあります。

それは、薬を飲みさえすれば「元どおり」良くなるというものです。

ここには2つの誤解があります。
まず、薬は「元どおりに」できるわけではない、という点。
そして、患者さんの思っている「元どおり」が実は元の状態ではない、という点です。

薬は「元どおりに」できるわけではない

繰り返しになりますが、薬というのは基本的に対症療法です。症状を鎮めるためのものです。

ですから、薬は「あなたを病気になる前の状態に戻すもの」ではなく、「今、あなたに出ている症状を取りのぞくもの」なのです。

何が違うの？　と思いましたか？　まったく違うんです。

たとえば、風邪をひいたときを考えてみましょう。

風邪をひくと、「頭が痛い」「おなかが痛い」「咳が出る」「熱が高い」といった症状が出ます。

これらの症状はバラバラに出ているのではなく、身体の免疫力が低下し、身体全体のバランスや調子を崩した結果、それらの症状が出ています。

不快な症状が出ているのは原因ではなく、結果なのです。

薬というのは、たとえばその中で「頭が痛い（頭痛）」を抑えたいのであれば、痛み「だけ」を抑え、効果を発揮します。

決して身体の免疫力を上げ、身体全体のバランスを整えて「身体が頭を痛くする必要がない状態」にしてくれるわけではありません。

風邪薬は意味がない、というとき、それが風邪そのものを治すのではなく、症状を止めたりやわらげたりする対症療法だからという説がありますが、ある意味正しいのです。

それでも、薬で不快な症状を止め、必要以上に体力が消耗されるのを防ぐことに意味があります。

しかし、「対症療法」であることはまぎれもない事実です。

また、薬には副作用が起きる可能性がつきまといます。

その症状は治まったけれど、代わりに副作用に悩まされる、ということも起こりえます。花粉症のとき、目や鼻の症状がひどいので薬を飲んだけど、今度は眠くてたまらない……ということ、ありますよね。

さらに、たくさんの種類や量を飲めば副作用の出る可能性も高くなりますから、すべての症状に対して薬を飲めるとは限りません。

そもそも、「なんとなく、だるい」「身体の調節機能が落ちている」という状態に効く薬というものはありません。薬を使ったとしても、せいぜいビタミン剤を

飲んだり点滴で体内の水分や電解質を多少補給したりするのみです。

だから、医師は「どうしました?」と聞き、患者さんが「風邪をひいたんです」と答えると、「どんな症状ですか?」と聞きますよね。

もし、根治できる薬であれば、症状を聞く必要はそもそもありません。

お医者さんが、目の前にいる患者さんが本当に風邪かどうかを診断すれば良いだけです。

花粉症でも「症状が治まっていますか?」と薬の効果とともに「眠くなったりしませんか?」と医師が聞くのは、花粉症で使われる薬が、眠くなりやすく、症状だけ取りのぞくことが難しいことを知っているからです。

ある意味、薬に対する「こんなもんだ」というあきらめを持っているといいのかもしれません。

・薬はあくまで症状をやわらげるもの

・薬には副作用があり、もともとなくなってほしかった頭痛などの症状がなくなる代わりに、他の症状が出る可能性もある

という事実や薬との距離感を患者さんも持って、そのうえで「(元どおりにするのではなく）この症状を止めるために薬を飲もう」と思ってほしいと願っています。

2　あなたの思っている「元どおり」は本当に元の状態なのか

「薬を飲むなら効くと思って飲んでください」とよく言います。73ページでもふれたプラセボ効果があるからです。でも一方で、あまりに薬に期待しすぎるがゆえの不幸もあります。

「この薬を飲めば、薬を必要とする前の状態に戻れる」というのは誤解だと先ほどお伝えしましたが、**そもそも「薬を必要とする前の状態」として、あまりにも**

理想の状態を想定していると、「薬が効かない」「治療効果が十分でない」という不安や不満につながります。

特にうつや不眠などの精神疾患や、糖尿病や高血圧など生活習慣病などの患者さんで、このような方を見かけます。

不眠の患者さんで考えてみましょう。

「眠れるようになりたい」という願いの中には、眠れないつらさを解消したいという願いとともに、「眠れるようになりさえすれば、元の元気だった自分に戻れる」という希望があります。

当たり前です。

希望がなければ、朝起きられないかもしれない、というリスクを抱えてまで薬で治療しようとは思いません。

ですが、その「元の元気だった自分」とはどんな自分でしょう？

「ストレスに負けない、そもそも不眠にならない自分」を思い描いていませんか？

もちろん、睡眠導入剤を飲んで眠れるようになれば、眠れなかったことで失っていた体力や思考力が回復したり、それらが回復することで日常生活が送れるようになったり、生活と体力が回復していくことでだんだん睡眠導入剤を飲まなくても眠れるようになる、という効果は期待できます。

しかし、残酷なことを言うなら、「眠れるようになる」ことと「眠れなくなった要因がなくなる」ことは別問題です。

たとえば上司の叱責や仕事のプレッシャーなどのストレスから不眠になった場合、眠れるようになっても、それらのストレッサー（ストレスの原因）が消えてなくなるわけではありません。上司も仕事もなくなりませんし、取り巻く人間関係も変わりません。

睡眠導入剤は、魔法のように「ストレスに強い自分」に生まれ変われる薬ではないのです。それでも、「この薬を飲めば問題はすべて解決する」と思えるからこそ、薬を飲もうと決意するのが人間なのですが……。

逆に言えば、眠れるようになった「だけ」、うつ症状を抑えた「だけ」、薬で血糖値や血圧を下げている「だけ」であれば、薬をやめれば必ず再発してしまいます。

このような自分の生活習慣や考え方が大きく影響する病気になったとき（B）には、「元の元気だった自分」（A′：幻想の元の自分）に戻ろうとしがちですが、幻想には戻れません。

「薬が必要になるような生き方をしていた自分」（A：真の治療前の自分）に戻らないために、薬で症状を改善して考えたり行動する体力・気力・状況の余裕をつくり、AでもBでもA′でもない、「実現可能な理想の自分」（C）に近づいていく必要があります。

これは、対症療法である薬には、どうにもできない領域です。

生活習慣病やうつ病に、薬でなく生活指導や認知行動療法等の指示療法が必要な理由です。文字どおり「病気を治すのは薬ではなくあなたですよ」なのです。

薬は100%効くわけではない

「わかってるよ、そんなこと！」と、平常時のあなたは思うに違いありません。

副作用が起きる人と起きない人がいるように、その薬がすべての人に効くわけではない、ということは、「知識としては」多くの人が持っています。

では、想像してみてください。

あなたは今、さわやかな朝なはずなのに、割れるような頭痛で目覚めました。

ときどき起きる頭痛。病院にも行ったことがありますが、大きな病気の前兆ではなく、片頭痛とのことでした。頭痛だけでなく、吐き気もしてきます。

せめて午前中は会社を休みたいところですが、今日の午後に大事な会議があり、そのために部下が作った資料のチェックもかねて今日の午前中に打ち合せすることになっています。

それらの予定をただ出席してこなすだけでなく、自分の思考力や決断力を下げずに質の高い仕事をするためには、この頭痛をなんとかしなければなりません。

そこで、病院から処方されている、片頭痛の薬を飲むことにしました。

ところが、です。

飲んで1時間もすれば薬が効いて痛みがやわらいでくるはずなのに、家を出る時間になっても痛みはさっぱりおさまりません。

「なんで効かないんだよ!」と思わず叫んだあなたは、「もし効かなかったら、2時間後にもう1錠飲んでください。でも、それでも効かなかったら、それ以上飲まないでくださいね」という医師の言葉を思い出しました。

「この薬、本当はどのくらい効くものなんだろう?」と不安な思いがプラスされ、余計にひどくなった気がする頭痛を抱えながら、あなたは会社に向かいました……。

薬はすべての人に１００％効くわけではないと知っていても、いざ自分のことになると、「飲んだ薬は効いて当たり前」「薬なのになぜ効かないんだ！」と思いますよね？

効果を期待しないで薬を飲む人はいません。

ですが、この「知識」と「自分の身に起きた場合」のギャップが、薬を「信用できないもの」にしているのも事実です。

こんなときには、改めて「薬は１００％効く」わけではないこと、効き目には個人差があることを念頭に置いたうえで、医師に適切な判断をあおぐことをお勧めします。

医師や薬剤師とのコミュニケーションがあなたを救う

あなたは薬に関して困ったこと・わからないことがあった場合、どうやって解消していますか？

薬局の看板には「お気軽に薬剤師にご相談ください」と書かれています。薬の説明書（添付文書）にも「次の人は服用前に医師、歯科医師、薬剤師（または登録販売者）に相談してください」と書かれています。病院によっては「医療に関する説明を受けられても十分にご理解できない場合は、納得できるまでご確認ください」などのお願いがパンフレットに書かれています。

さらに、国（医薬品医療機器総合機構：ＰＭＤＡ）や都道府県薬剤師会、薬の製造販売元である製薬メーカーにも薬に関する相談窓口があります。

それで結局、あなたの薬の不安や疑問、解消できていますか？

薬の相談、できていますか？

この質問の答え、多くの方は「ＮＯ」ではないでしょうか。

本当に薬や医療のことが気軽に相談でき、疑問や不安が解消していたら、Ｙａｈｏｏ！知恵袋のような質問サイトに、あれほど多くの薬に関する質問がなされるはずがありません。

実際にＹａｈｏｏ！知恵袋を「薬」で検索すると、約１６８万件の質問が出てきます（２０１６年４月現在）。

その中には、「ＡとＢの漢方を併用しても大丈夫ですか？」といった「薬局や病院で聞けば一発でわかるのに」という質問や、「Ｃという軟膏を塗ったら足に湿疹が出ているのは副作用ですか？」というような「それはネットで不特定多数に質問しても、あなたの身体や薬を直接診ている人に聞かないと正しい答えは得られないのに」という質問がたくさんなされています。

Ｙａｈｏｏ！知恵袋の質問と回答を見ていると、薬について、こんなに不安や不信を覚えながら薬とつきあっていたり、正しいことが伝わっていなかったりするのか……と悲しくなるほどです。

これらを見ているとどうやら、患者さんが不安なく薬とつきあうために、身近に薬や医療の相談ができるところがたくさんあり、誰もが薬について情報が十分に得られる窓口や方法を知っているという考えは、医療関係者の幻想のようです。

では、そのすれ違いは、どうして起きてしまうのでしょう？　私は次の３つが大きな要因ではないかと考えています。

Ⅰ　相談窓口自体を知らない

病院や薬局で薬の質問をしていい、ということを知らない人は少ないでしょう。

しかし、顔見知りの人には聞きたくない、というときや、単純に受診時や薬局に行ったときでなく、ふと疑問に思ったようなときの相談先が周知されていると は思えません。医療関係者にとっての課題と言えるでしょう。

患者さんがあらかじめ「かかりつけ医や薬局にそのような困ったときの相談先を聞いておく」という方法があります。

自分で調べることも大事ですが、プロに頼るほうが早いし何より安全で確実です。

2　薬局や病院の受診時に聞けば良いことはわかっているが、聞ける雰囲気ではない

これも、医療関係者のコミュニケーション力の課題なのですが……。

質問されること自体を嫌がる医療関係者は、残念ですがいまだに存在します。不安なことや疑問点を言い出せないような先生に診てもらっていて、果たして十分な治療効果を得ることができるのだろうか？　と思う反面、地域や病気の種類によっては先生を替えられないことが多々あることも事実です。

本当は患者さんが気を遣う必要はないのですが、相手も人間です。

医師・薬剤師・看護師・受付の中で、話しやすい人に話しかけてみることとや、事前に聞きたいことをメモにまとめておき、相手が何を答えれば良いのかを明らかにして話をする、ということを試してみてください。

3　薬局やくすり相談窓口、病院の受付等に相談したが、うまくいかなかった

勇気を出して聞いてみたが質問に答えてくれなかったり、「医師に確認してください」「患者さん個人の診断や治療についての話はできません」と言われてしまいがっかりした。相談しても役に立たないじゃないかと感じている……。

製薬メーカーや薬局に相談し、このような失望を感じている患者さんは非常に多いのです。

確かに電話相談の場合は直接患者さんを診ているわけではないので、一般的なことをお伝えするしかない場合も多いでしょう。

また、「この症状はどんな病気ですか？」と聞かれても、医師以外の者が診療行為をおこなうことは禁止されているため、答えられない質問も多くなります。

薬局、特に病院や診療所の目の前にある門前薬局と言われる薬局では、処方医の機嫌を損ねそうなことはなかなか言いづらいという事情もあります。

本当はそのような力関係を気にせずに安全な医療を実現するためにも医薬分業がおこなわれているはずなのですが、なかなか現実は難しいのです。

とはいえ、薬剤師や薬局は頼れないというわけではありません。むしろ、上手に活用して強い味方にすることができるのです。

活用法1：性質や使い方など薬そのものについての情報を得ることができる

活用法2：医師にどんな情報を伝え、どういう質問の仕方をすれば自分の知りたいことを答えてもらえるのか、医師と患者さんの通訳としてアドバイスをもらうという役目を担ってもらう

私の経験上、医師よりは薬局の薬剤師、薬剤師よりは相談窓口のほうが、患者さんのお話を親身に聞いてくれる可能性が高いでしょう。

少なくとも薬剤師との会話の中で、明らかな勘違いや取り越し苦労、ムダな不安については解消できます。

その上で、薬剤師に「それは医師に聞いてください」と言われたら、「どうせ役に立たないじゃない！」と怒らず、「では、先生にどう質問したら教えてもらえるでしょう？」と質問してみてください。

どんなことをどのように医師に話せばいいのか、薬剤師に教えてもらうことが大切なのです。

私がこの方法をお勧めしはじめた原体験をお話ししたいと思います。

もう何年も前、診察を受けた病院の先生に職業を聞かれて、薬剤師ですと答えたところ、「あぁ、それはいいね！」と言われて驚いたことがあります。その前に受診していた医師は「オレの治療に文句をつけるな！」という感じの先生であり、「薬剤師だからって生意気なこと言うな」というタイプの先生だったので、内心「薬剤師です」と答えることに抵抗がありました。

ところが、新しく受診したその先生は「専門家は、知識がある分、突拍子もない質問をしないし、話が通じるからラクだよ。普通の患者さんは、こちらが考えもしないことを考えたり不安になったりするからね」と言ったのです。

実際、薬剤師として患者さんのお話をうかがっていると、「何年も飲んでいる」という薬の名前を間違って覚えていたり（長いカタカナで覚えにくいので仕方がないのですが）、本当は血圧の薬なのに胃薬と誤解していたり、ということがよくあります。

薬の種類を変えたことで、トータルでは同じ量でも錠剤の数が増えたら自分の病気が悪化したと思い込んだり、錠剤の色が変わったら劣化した薬を出されたのだと思われたり、ああ患者さんはこういうことでも不安に感じるんだな、ということを、私も患者さんとおつきあいする中で学んできました。

あなたのちょっとした言い間違いや思い込みが、医師に「この患者さんはまったく見当違いのことを考えているから、詳しく答えても理解しないに違いない」と思わせてしまっていることもあります。

でも、思い違いや些細な行き違いで、聞きたいことが聞けなかったり先生の答えがかみ合わなかったりした結果、患者さんの疑問や不安が解消されないとしたら、非常に残念でもったいないことです。治療上の信頼関係を作るうえでもマイナスです。

それらを防ぐ意味でも、薬剤師にまず話してみる、ということは有効です。

ここまで医師や薬剤師、看護師といった医療関係者と、患者さんとの感覚や発想、知識量の違いから起きるすれ違いについてお話ししてきました。

医療関係者も超能力者ではありません。まず患者さんが話してくれなければ、わからないことがたくさんあります。

さらに、医療関係者がコミュニケーション力に長けているとも限りません。より効果的な治療を受けるためにも、患者さんが少しでも伝わりやすいように、話したいことをまとめてきてくださるだけでも助かるのです。

そして、質問する相手は医師の他にもたくさんいる、最終的に医師に聞くとしても、その前にいろいろな立場の医療関係者のサポートや知恵を借りることができることを、ぜひ、覚えておいてください。

リスト：薬の相談窓口ガイド

● **全国の県薬剤師会または都道府県によるくすり相談窓口**

https://www.pmda.go.jp/safety/consultation-for-patients/on-drugs/0001.html#yakuzaishikai

独立行政法人医薬品医療機器総合機構のホームページに
各都道府県の相談窓口の連絡先が掲載されています。

● **先発薬メーカー各社のくすり相談窓口一覧**

http://www.jpma.or.jp/about/jpma_info/member.html

日本製薬工業協会のホームページに、主として先発医薬品を製造・販売している
製薬会社の問い合わせ窓口情報が掲載されています。

● **OTC(市販薬)メーカー各社のお客様相談室一覧**

http://www.jsmi.jp/contact/index.html

日本OTC医薬品協会のホームページに、OTCを製造・販売している
製薬会社の問合せ窓口情報が掲載されています。

● **独立行政法人(PMDA)医薬品医療機器総合機構くすり相談窓口**

TEL:03-3506-9457

受付時間：月曜日から金曜日（祝日・年末年始を除く）9:00-17:00
専任の薬剤師が対応。薬の副作用対策の大元締めである機構の相談窓口です。

● **(公社)日本薬剤師会　消費者薬相談窓口**

TEL：03-3353-2251

受付時間：火曜日・金曜日　10:00-12:00、13:00-16:00

● **妊娠と薬情報センター**

https://www.ncchd.go.jp/kusuri/process/index.html

TEL：なし　受付時間：事前申込　妊娠や授乳中の薬についての問い合わせ窓口。
※最初に問診票一式を記載して郵送にて申込みが必要です。

● **医薬品PLセンター**

TEL：0120-876-532（フリーダイヤルがつながらない場合は03-6225-2871）

受付時間：火曜日・金曜日　10:00-12:00、13:00-16:00
医療用医薬品・OTCについて、メーカーに対する苦情申し立ての相談を受け付けています。

第5章

知っておきたい薬の常識Q&A

日常生活になくてはならない薬。

でも、薬や目薬の消費期限や薬を飲むタイミング、漢方薬の効果、ステロイド危険説、抗生物質は風邪に効くのかなど、知っているようで知らない薬の常識をご紹介します。

Q 薬は常温保存でだいじょうぶ？使用期限はいつまで？

A

病院でもらった薬（処方薬・医療用医薬品）は処方時に何も言われないかぎり、常温保存でかまいません。

使用期限については、「3日分、7日分などの処方日数で飲みきるようにしてください」というのが基本的なお約束です。

処方薬は、たとえ以前にかかった病気と似たような症状であっても、違う病気で違う薬が必要なこともありますから、自己判断で以前の処方薬を飲んではいけません。

今かかっている病気には効かない薬なのに使って副作用だけ起きた、などということがあってはならないですからね。

ですが最近では、病院でもらった薬が患者さんの手元に余ってしまう「残薬問題」が取りざたされています。

実際、慢性の病気などで何か月も同じ薬を飲んでいたり、花粉症やじんましん、古傷に対する痛み止めなど、「症状が出たらこれを飲んでね」と言われて持っている薬もありますよね。

ここから先は、それら「飲み続けている薬」のお話です。

もっとも安全なのは、やはり処方期間を超えた薬を使用しないこと。

次に安全なのは、薬局に持って行って、その薬が使用期限内かどうかを調べてもらうことです。薬の使用期限は薬ごとに決まっていて、ＰＴＰシート（薬のパッケージ）ごとに製造番号から追跡できるようになっています。

ただ、病院でもらう薬は処方された瞬間に、すべての保管の規制からはずれます。

劇薬や毒薬など、病院や薬局では「鍵をかけなさい」「他の薬と区別して保存しなさい」などと決められていても、患者さんの手に渡れば、「家の中で鍵のかかるところに保管しなさい」などと言われませんよね？

使用期限についても同じです。その薬が使用期限内であっても、保管条件が担保されないため、本当にその使用期限まで使用できるのかはわかりません。だから「使用期限内なら必ず使える」とも言いきれないのです。

では、薬局の薬剤師はどうやって判断しているのかお伝えしましょう。

1つめは、使用期限内であること（これは患者さんにはわかりません）。

2つめは、見た目の色や形が変わっていないことです。

不安になったら薬局で調べてもらうことが先決ですね。

それから、目薬やシロップ剤など液体の薬で注意してほしいことがあります。

OTC（市販薬）と違い、**病院で出される薬は、防腐剤が入っていないものが多いです。使用後は、雑菌など衛生上の問題もあるため、前に使ったまま残っていた目薬・シロップ剤など、決して再利用しないようにしてください。**

また、これらの薬は「冷暗所」保存のものも少なくありません。冷暗所は「15度以下の光の当たらない場所」です。

反対に室温保存の薬を冷蔵庫に入れていいですか？という質問もよく受けます。この業界では、室温は1～30度。冷蔵庫に入れても問題ありません。薬は一般的に温度や湿度が低いほうが変質しにくいのです。猛暑の日、30度以上になった部屋で薬を保存するのは控えましょう。

Q

薬を飲むベストタイミングは？「食間」っていつ？

A

実はタイミングを変えても問題ない薬もあります。

しかし、タイミングを変えると効かない薬、効果が弱くなってしまう薬もあるので、自己判断ではなく、診察時に医師と相談してください。

まず、基本的な服薬のタイミングは次のとおりです。

食前：食事の前30分

食後：食事の後30分

食間：食事と食事の間、前後2時間

食前の薬は、血糖コントロールや吐き気止めなど、食事と関連する薬や、胃に食べ物が入っていない状態で飲みたい薬です。

たとえば漢方薬の多くは食事と混ざると効果が弱くなるため、食前に飲むことが一般的です。

副作用の心配を減らし、確実な効果を期待して「食直前」に飲むという糖尿病の薬などもあります。「食直前」とは、まさに食事の直前で5～10分前です。

食間の薬は、胃が空の状態で飲む必要がある薬です。空腹時の胃粘膜の保護や、食事の影響を受けたくない薬です。

では、食後の薬はどうでしょう？　食後の服薬を指定されている薬は、

・胃に食べ物が入っているほうが吸収がよくなる
・胃に食べ物が入っているほうが、胃を傷めない
・食事に対する効果を期待する

というのが主な理由です。

ですが、空腹時でも食後でも薬の吸収や効果に違いはないという薬でも、単純に「飲み忘れないように」という理由から食後を指定されている場合があります。

確かに、食前の薬や食間の薬よりも、食後の薬は「食事をする」という、わかりやすい行動の後ろにひもづけられているので忘れにくいのです。

というわけで「食後」に指定されている薬については、「飲み忘れ防止」が食後に飲む理由であれば、お医者さんに相談してタイミングを変えることもできるのです。

また、同じように、朝1回、夜1回、という薬にも、「体内のホルモン量に合わせたタイミングにしている」「夜、または朝の症状のために飲んでいる」といった理由の薬がある一方、本当は1日のうちでいつ飲んでも効果が変わらない薬というものも存在します。

1日1回（ただしほぼ24時間ごとになるように同じタイミングで）飲めば良い薬

の場合、いつ飲むかを決めているのは、お医者さんです。

たとえば「リバロ」という高脂血症の薬を飲んでいたCさん。朝食後に指定されていましたが、「朝ごはん、食べないから薬を忘れちゃうんだよね」と相談されました。

実はリバロは1日1回、毎日同じような時間帯で飲めば良い薬で、服用のタイミングは決まっていません。そのことを説明し、次回の診察で先生に相談してもらいました。結果、時間の指定はなくなり、Cさんは「絶対忘れないから」と夕食が始まると薬を飲んでいます。

仕事が繁忙期でランチをとるのも難しいのに「食間」の薬を指定され、結局飲めずに薬が余り、体調もなかなか治らなかったという経験がある方も多いのではないでしょうか。

何事も臨機応変です。そのタイミングでは飲むのが難しい、と医師や薬剤師に相談すると解決策が見えてきますよ。

Q

薬はコーヒーや緑茶で飲んじゃダメって本当ですか？

A

原則は水かぬるま湯で飲むことです。

コーヒーで飲むことは、コーヒーの成分であるカフェインとの飲み合わせの心配があるので避けたほうが無難です。

なお食前や食間に服用する薬は、胃が空であることが重要なので、糖分などを含むものと一緒には飲まないでください。

（医師や薬剤師から使用上の注意がありますが）胃で溶けないようにコーティングされている薬は、牛乳で飲んではいけません。また、一部の薬は牛乳と飲むと、作用が強まったり弱まってしまうことがあります。

小児のドライシロップでジュースと一緒に飲むと苦みが出る、食べ物・飲み物との相互作用がある、などの場合は必ず指示がありますので従ってください。有名な飲み合わせとして、グレープフルーツジュースがあります。一部の薬では、グレープフルーツジュースと一緒に飲むと薬の吸収に影響することがあります。

ですが、**食後の薬であれば、緑茶で飲むことについてはそれほど問題ありません。**

食後は、当たり前ですが、胃に食べ物が入っている状態です。ですから薬を水で飲んでも、胃に到達すれば、食べたものと混ざってしまいますので、緑茶で飲んでも大きな影響はないのです。紅茶やウーロン茶で飲む方は少ないと思いますが、問題はありません（ペットボトルのお茶もOKです）。

かつて、「緑茶と鉄剤を一緒に飲むと緑茶に含まれるタンニンが吸収をさまたげ、鉄剤が効かなくなる」という説がありました。その影響で「お茶と薬は一緒に飲んではいけない」という噂が広まった経緯があります。

しかし、この「鉄剤と緑茶の飲み合わせ」については、現在では否定されています。吸収をさまたげる度合いが臨床効果に問題のない程度であることが証明されたからです。

むしろ危険なのは、OD錠（口腔内崩壊錠：口の中で溶けるため水なしで飲める薬）のように十分な量の水がなくても飲めるように設計されている薬でもないのに、ほんの少しの水で薬を飲んだり、水がないからと水なしで無理やり薬を飲むことです。**薬が胃まで落ちずに消化管にはりついてしまったり、想定されている時間内で溶けなかったりということが起きるおそれがあります。**

Q

ステロイド剤は恐ろしい薬？

A

話すことを仕事としているDさん。喉が痛むことが続き、何回か通院して処方された薬を飲んでも効かず、仕事が立て込んでいて休むこともできない状態でした。ひどくなった状態で再受診した結果、ステロイド剤のプレドニン（成分：プレドニゾロン）錠を処方されたとのこと。

Dさんはエネルギッシュで、「自分のことは自分で決める！」というお人柄です。出張が多く、スケジュール厳守のお仕事。ステロイドは怖い薬というイメージがあり、薬剤師である私に相談してきたわけです。

彼の状況を考慮したうえで、次のように答えました。

・最低日数分が処方されているので、飲みきったうえで、次の治療を先生と相談してください。
・この薬は免疫反応を抑えてくれるものです。だから免疫反応の一つである炎症反応を抑えてくれます。ちなみに臓器選択性はないので身体中の免疫反応を抑える効果があります。
・効果は高いけれど長く使うと身体中の免疫反応を下げるため、さまざまな問題が発生することがあります。だから調子が悪いときにいつでも使えばいいやという薬ではなくて、「切り札」だと思って使ってください。

私が伝えたかったのは次の点です。

・**必要最小限の期間にきっちり使って効果を出す**
・**仕事に余裕のあるときは、喉を使わないようにして別の治療を考える**
・**ステロイド剤はよく効くから便利だと保管しておいての再利用は絶対にしないこと**

ステロイドというと怖いというイメージを持つ方が多いのですが、使い方次第だ、ということです。

ステロイドとは副腎皮質ホルモンに抗炎症作用のことで、強力な抗炎症作用と免疫抑制作用を持ち、主にぜんそくやアトピー性皮膚炎に使われることの多い薬です。

ステロイド剤とひとくちに言っても、飲み薬（内服薬）、塗り薬（外用剤）、その他にも、吸入薬、点鼻薬、点眼薬、注射などの種類があります。外用剤の場合は、局所的に利用されるため、一般的には全身に副作用を起こすことはほとんどありません。

一方、内服薬の場合は、広範囲（全身）に症状が出ている、特定の疾患で症状が強い場合などに使用され、効果が高い反面、副作用が全身に出る可能性があるため、より服用に注意が必要となります。

日本には、安易にステロイドが大量に使われ、ステロイドの入ったクリームを化粧下地に使う人がいた時代があります。ステロイドを使うことで炎症はおさまるのですが、長く使い続けると肌が薄く（弱く）なってしまうのです。そのときの反動で「ステロイド、ダメ。絶対」という考えが広まっているわけです。

確かに、ステロイドは強い効果がある一方で薬効と切り離せない副作用があり、安全とは言いがたい薬です。

ですが、ステロイドがなければ治まらない症状や、ステロイドを使わないことによってさらに悪い状態になることと天秤にかけ、慎重に検討した結果、処方される薬だということを理解しておきましょう。

Q

ロキソニンやボルタレンは危ないって本当ですか？

A

痛み止めとして処方されるロキソニンとボルタレンについては毒性も副作用発現率も、それほど危険な薬だとは思いません。
しかし、危なそう、というイメージがあることは理解できます。

この質問は、本当によく聞かれます。そして、質問されるたびに「医療関係者と一般の方々の意識のずれ」を感じます。

データで考えてみましょう。

ロキソニンの動物実験の結果、LD_{50}（薬を投与された半分の個体が死ぬ薬の量）は、一番毒性が出やすい（少ない量になる）動物でも、体重1kgあたり145mgです。ボルタレンでもLD_{50}は体重1kgあたり61・0mg。

通常の1回の処方量がロキソニンは60mg、ボルタレンは25mgと考えると、まったく問題ない値です。

ヒトでの副作用発現率もロキソニンは3・03%。ボルタレンでは7・71%（ともに市販後調査）と、よく使われる薬として、飛びぬけて副作用が出やすい薬ではありません。

そもそもロキソニンは、胃腸障害を防ぐ工夫がされた、胃腸障害の比較的少ない薬であることが特徴として挙げられる薬です（ロキソニン・ボルタレンインタビューフォームより）。

ロキソニンもボルタレンも、痛み止めとしての効果を実感している人が多いからこそ、「こんなに効く薬は危ないんじゃないだろうか？」と思われるのかもしれませんね。
実際、どちらも手術後の痛みなど比較的強い痛みにも処方される薬です。

私も学生の頃、「ボルタレンは食道に留まると食道に穴を開けてしまう」という話を聞いて、そんなに怖い薬なのかと思っていました。実際、ボルタレンには「食道潰瘍」の副作用報告があります。しかし、副作用の発現数として決して多くはありません。

この「データと感覚の差」が不安をあおっているのでしょう。

基本的に医師はきちんと理解したうえで処方しているので、むやみに怖がったり、処方された薬をあえて飲まないといったことは避けましょう。

Q 一番安全な痛み止め・解熱剤は何ですか？

A

普段使われる痛み止めで、最も安全なものは何か？　と聞かれたら、私は迷わずカロナール（製品名）、成分名でいうところのアセトアミノフェンだと答えます。

子どもの発熱や妊婦さんの解熱・痛み止めに第一選択で使われるほど、痛み止めの中では安全性が高いと言われている薬です。

カロナールの成分は「アセトアミノフェン」と言います。別名パラアセタモールとも呼ばれ、古くから使われている薬です。

解熱鎮痛剤でよく起きる副作用は、胃部不快感や腹痛などの胃腸障害で

すが、アセトアミノフェンは、他の解熱鎮痛剤に比べて胃への障害が少ないのです。

長く使われてきた薬なので、どんなことが起きるか、薬のプロフィールがよくわかっているという「服用時の安心感」があります。

何しろ、世界で初めて薬として使われたのは1893年。広く使われるようになったのは1949年。60年以上、解熱鎮痛薬として使われているのです。

カロナールはOTCにはありませんが、アセトアミノフェン成分は、OTCの痛み止めではよく使われる成分です。

代表的なのがアセトアミノフェン単剤の「タイレノール」（ジョンソン・エンド・ジョンソン）。**他にも、「ノーシンホワイト」**（アラクス）**や「新セデス錠」**（塩野義製薬）**などにもアセトアミノフェンが配合されています。**

パッケージの表記にある「ACE処方」や「AAC処方」の「A」がアセトアミノフェンです。

Q

花粉症とじんましんと不眠には、同じ薬が使われているんですか？

A

そのとおりです。

抗ヒスタミン剤という種類の薬は、どちらの症状にもよく使われます。抗ヒスタミン剤というのは、アレルギー反応を抑える薬です。ですので、くしゃみや鼻水にも、皮膚のかゆみにも効果があります。具体的には、「アレグラFX」や「アレジオン10」、「ザジテンAL」などです。

そして睡眠改善薬として市販されているドリエル（エスエス製薬）も、実は抗ヒスタミン剤の一種、ジフェンヒドラミン塩酸塩の薬です。

花粉症や鼻風邪の薬を飲むと、眠くなったことはありませんか？最初に出てきた抗ヒスタミン剤（第一世代と言います）は、効果は強いのですが、眠気や口の乾きなどの副作用も強いことが問題でした。

抗ヒスタミン剤は、何かの病気を治すものではなく、症状を抑えるための薬です（対症療法と言います）。不快な症状を抑えるために飲んだのに、眠気などの別の不快な症状が出てしまっては、なんのための薬なんだ、ということになりかねません。

しかし、この「眠くなる」特性を逆に使った薬が「ドリエル」などのジフェンヒドラミン塩酸塩の睡眠改善薬です。そのため、これらの睡眠改善薬は、病院で処方される睡眠剤（ベンゾジアゼピン系など）とは、まったく別物になります（2017年1月現在、「ドリエル」だけでなく、いくつかのブランドでジフェンヒドラミン塩酸塩の睡眠改善薬が販売されています）。

「ドリエル」は単発の寝つきの悪さには効果がありますが、連続しての効果はありません。

「ドリエル」の添付文書に、2〜3回服用しても症状が良くならない場合は服用を中止するように、と書かれているのはこのためです。

ジフェンヒドラミン塩酸塩のOTCは睡眠改善薬としてのもの（ドリエル）と、抗ヒスタミン剤としてのもの（レスタミンコーワ糖衣錠・興和）の2種類が存在しています。

レスタミンコーワ糖衣錠は、じんましんや湿疹・かゆみ、鼻炎などに使われる市販薬です。花粉症の薬としては古くなってしまったけれど、じんましんや湿疹のための薬としてはまだまだ現役と言っていいでしょう。

1つの成分の効能が長所も短所も含めて、薬として活用されている点が、薬剤師である私にとって非常に興味深く思えてなりません。

Q　漢方薬って本当に効くのでしょうか？

A

回りくどい言い方で恐縮ですが、あなたの体質や症状に合った漢方薬であれば、効く可能性は十分あります。

漢方薬にどんなイメージを持っていますか？　効き目がおだやか？　安全そう？　なんとなく怪しい？

漢方は、５〜６世紀以降に伝わった中国の医学を基に、日本で発展した日本の伝統的な医療です。江戸時代、オランダから伝わった西洋医学を「蘭方」と呼ぶことに対し、それまで日本に定着していた医学を「漢方」

と呼びました。**漢方の治療に基づいて、薬効のある植物や鉱物を組み合わせたものが漢方薬です。**

面白いもので、医師や薬剤師の中でも、漢方に深く傾倒していく人がいます。知人の薬剤師Eさんもその一人ですが、「西洋医学に基づいた薬の限界を感じたときに、漢方や東洋医学に興味が向かうのではないか？」と言います。

漢方は、「気」「血」「水」といった、西洋医学とは異なる体質分類や考え方があり、西洋医学の考え方には当てはまらないことも多いのです。

たとえば漢方には血圧を下げる薬はありません。血圧を下げるという考え方がないからです。

一方、西洋医学では対応しにくい不定愁訴や、検査で異常はないのになんとなく調子が悪い、といったとき、漢方は効果があります。

漢方と西洋薬のどちらが良いかではなく、せっかく両方あり、どちらも選択できる日本にいるのですから、それぞれの長所を生かした治療であってほしいですね。

風邪などのほか、なんとなく続く不調にも処方されることが多いのです。漢方の場合、すぐに劇的な効果をのぞめない場合もあります。ある程度使っても効果が見られない場合には、医師は様子を見て他の漢方薬に変えたり、西洋薬に変えたりといった対応をとります。

漢方薬でも、こむら返りのときの芍薬甘草湯《しゃくやくかんぞうとう》のように即効性のある薬もあります。１９９６年の小柴胡湯《しょうさいことう》による副作用での死亡例が発生した（10例）事件では、漢方薬も薬であり、頻度の差はあれ副作用が起こることも有名になりました。

漢方薬と生薬はどう違うのですか？　と聞かれますが、漢方薬を構成する一つ一つの薬としての効果がある植物を「生薬」と言います。

逆に言うと、生薬を組み合わせることで効果を得られるようにしたものが漢方なのです。

漢方薬を病院で処方されたけれど、数字が書かれた普通のアルミの袋に入った粉よりも粒の大きな薬だった、というケースもあります。

多くの医療機関では、医療用漢方製剤といって、生薬の持つ薬効を引き出し、かつ服用・保存しやすい状態に加工されたものを使用しているからです。

なお、余談ですが、漢方製剤に表記されている数字は漢方の識別数字です。この数字はメーカーが違っても同じものが使われています。

たとえば「一番」と書かれていれば、メーカーがツムラでもクラシエでもその他のメーカーのものでも「葛根湯《かっこんとう》」です。

Q

OTCって何ですか？

A

OTCとは薬局や薬店、ドラッグストアで買える薬、いわゆる市販薬です。テレビCMなどでも宣伝されます（処方薬はテレビや新聞など、一般の人の目に触れる媒体での宣伝が禁止されています）。

たとえば、「ガスター10」（第一三共ヘルスケア）、「ベンザブロック」（武田薬品工業）、「バファリンA」（ライオン）、「オロナインH軟膏」（大塚製薬）など、有名な薬も多いですね。

お医者さんが処方する「処方薬（処方せん医薬品）」に対し、「市販薬」

「大衆薬」と言われたりもしますが、現在は国際的表現の「OTC医薬品」と呼ぶよう、OTC医薬品協会が呼び方の統一を図っています。

以前はOTCと言えば「一般用医薬品」のことを指しましたが、2014年6月に「要指導医薬品」という区分が誕生し、OTCは「要指導医薬品」と「一般用医薬品」を合わせたものとなりました。

ちなみに、「OTC」とは、英語の「Over《オーバー》 The《ザ》 Counter《カウンター》」の略称です。薬屋さんのカウンター越しにお薬を販売するかたちに由来しています。

現在OTCは次ページの図5のような区分に分けられます。

OTCの分類で気をつけたいのは「効果の強さで決められたものではない」ということです。

もちろん、強い副作用が懸念される薬は効果も高いことが多いですが(効果は弱いけれど副作用は強い、というのであれば薬になりませんからね)、第2類医薬品だから効果が低い、ということではありません。

図5　OTC（市販薬）の分類

区分		解説	別の棚に保管 薬剤師の説明	インターネット販売
要指導医薬品		乱用の恐れのある成分を含む薬やOTC医薬品として初めて市場に登場した（3年以内）薬。 決められた分量のみ購入可能。 書面による当該医薬品に関する説明をおこなうことが原則。	必要	×
一般用医薬品	第1類医薬品	副作用、相互作用などの項目で安全性上、特に注意を要する薬。 一般用医薬品としての使用経験が少ないものや副作用、相互作用などの項目で安全性上、特に注意を要するもの。 対面で、書面による情報提供が義務付けられている。	必要	○
	指定第2類医薬品（第②類医薬品）	第2類医薬品の中も注意が必要とされる薬。 第②類など、数字の2が○や□で囲まれている。	不要（努力義務）	○
	第2類医薬品	副作用、相互作用などの項目で安全性上、注意を要する薬。 主な風邪薬や解熱剤、鎮痛剤など日常生活で必要性の高い製品が多くこの第2類医薬品とされている。 専門家からの情報提供は努力義務。		
	第3類医薬品	副作用、相互作用などの項目で、第1類医薬品や第2類医薬品に相当するもの以外の一般用医薬品。	不要	○

Q

風邪に抗生物質は効かないって本当ですか？

A

本当です。

このお話をするには「風邪とは何か？」ということと、「抗生物質とは何か？」ということの説明が必要ですね。

まず風邪とは何か？ です。

風邪のことを「感冒《かんぼう》」とも言います。鼻汁、咳、のどの痛みなど急性の上気道の炎症が起きます。原因の多く（80％以上）はウイルスによる感染です。

このほか消化管がウイルス感染した「おなかの風邪」などど呼ばれる感染性胃腸炎も風邪と言われます。

次に抗生物質とは何か？　です。

病院で一般的に「抗生物質」と言われるものは細菌感染に対して効果のある薬であり、正確には「抗菌薬」です。つまり、ウイルスや真菌による感染症には効果がありません。

広い意味ではウイルスや真菌も含めた微生物に対して効果のある物質を「抗生物質」と呼ぶことも間違いではありません。

しかし、薬の種類として「抗生物質」という言葉が使われる場合には「抗生物質＝抗菌薬」なのです。このあたりの間違いを避けるため、「抗菌薬」「抗ウイルス薬」「抗真菌薬」というように、名前を使い分けています。

風邪の原因のほとんどがウイルス性であり、抗生物質（抗菌薬）はウイ

ルスには効かないから、風邪に抗生物質は効かない、というわけです。

このような説明をすると「風邪に効く抗ウイルス薬はありませんか？」と聞かれることがあります。

普通の風邪の原因になるようなウイルス（ライノウイルス、コロナウイルス）に、薬は必要ありませんし、そのような薬もありません。

一方、「風邪で病院に行ったときに抗生物質を出す医者はダメなんですか？」とも聞かれます。

確かに、世界的にも、日本は抗生物質を処方しまくった国の1つだと言われています。私の大学時代、薬学部の口の悪いF教授は「患者が来たら抗生物質を渡せばいいと思っているなら、犬でも医者ができる」と暴言を吐いていたくらいです。

残念ながら、今でも安易に抗生物質を出す医師がいることは否定できません。

しかし、まるで万能薬のように抗生物質を求める患者がいるために、抗生物質を出し続ける医師がいることもまた事実です。

さらに、一般の人が思っている「風邪」という症状・病気よりも医学的に定義されている「風邪」のほうが範囲が狭いということもあります。

たとえば、扁桃腺《へんとうせん》が真っ赤に腫れて（扁桃炎）高熱が出ているとき。風邪が長引いていると思ったら肺炎を発症していたとき。それらはすでに風邪ではなく、「扁桃炎」「肺炎」という細菌感染症です。

もちろん、患者さん側でこれは感染症、これは普通の風邪、と判断する必要はありません。

なかなか治らなかったり高熱が出る風邪の場合には（それはもう風邪ではなくなっているため）、また、体力が弱っており他の合併症の予防を目的として、ヤブ医者でなくても抗生物質が処方されることもありますよ、ということを覚えておいてほしいのです。

Q

病院を変わりたいのですが、主治医に会わずに紹介状を書いてもらうことは可能ですか？

A

まず、病院や先生を変わることは患者さんの自由です。もちろん円満に転院することは理想ですが、先生に言わずに黙って病院を変わることもできます。

しかし黙って病院を変わってしまうと、これまでの治療経緯が次の先生にうまく伝わらない、という心配があります。

患者さんが自分ですべてを伝えられる治療内容や病気なら良いのですが、なかなか難しいこともあります。カルテやレントゲン写真なども持っていきたいですよね。

そんなときに、紹介状を書いてもらいたいと思いませんか？
もちろん診てもらったことのないお医者さんから紹介状をもらうことはできません。

ですが、今受診している先生からの紹介状なら、受診日でなくてもたとえば電話で依頼して、紹介状を書いておいてもらうことはできます。

実際に私が体験したことです。

G先生に診てもらっていたのですが、G先生とうまく関係を築けずにいました。一生懸命伝えても、わかってもらった気がしない。一方で、G先生の言いたいことが私にはよくわからず、お互いにイライラしている感じでした。

そんなとき、知人からH先生を紹介されました。

さっそくH先生に予約をとり、診察を受けたのですが、H先生にG先生からの紹介状（診断情報提供書）をもらってくるよう言われました。H先生いわく、「これらの薬を処方した意図が知りたい」とのことでした。

さて困った、と思いました。恐る恐るH先生にG先生と合わなくて病院を変えたこと、G先生にはもう会いたくないことを伝えたところ、こう言われたのです。

「G先生のクリニックに電話して、紹介状が欲しいことと、取りに行くので受付で預かっていて下さいとお願いすればいいでしょう。紹介状なら医者に会わなくてももらえますよ」

紹介状（診療情報提供書）は、医療機関が診療に基づき、「別の医療機関での診療の必要を認め」「患者の同意を得て」作成するものです。

すべてのケースで今回のように書いてくれるとは言い切れませんが、たいがいの場合、医師もそこまでして断る理由もないのでうまくいく可能性が高いでしょう。

先生を怒らせたら怖い、治療で仕返しされるかも（そんな医師はいませんが）、というような思いから医師と合わなくても我慢している方もいらっしゃるかもしれませんね。

やみくもに転院を勧めるわけではありませんが、どうしても先生に言わずに（会わずに）転院したい、しかもこれまでの治療の紹介状がほしいと思ったら、こんな方法もあるのです。

特別付録

病院でよく処方される薬ガイド

ここでは風邪薬や胃腸薬、花粉症や骨粗しょう症などの一般的な病気で、病院でよく処方される薬（先発医薬品・ジェネリック）について解説します。

1 風邪薬

先発医薬品：PL顆粒《かりゅう》、ペレックス
ジェネリック：ピーエイ配合錠、トーワチームなど

風邪をひいて病院に行ったときに処方される代表的なものに、白い顆粒（粒の大きめの粉薬）の薬があります。

解熱鎮痛薬や抗ヒスタミン薬など、4つの成分が含まれています。それぞれの成分が効果を発揮することで、風邪のときの鼻水や鼻づまり、のどの痛み、咳、痰、頭痛、関節痛、発熱といった症状を改善・緩和します。

先発医薬品は顆粒のみですが、PL顆粒のジェネリックとしては「ピーエイ配合錠」という錠剤の薬が存在します。粉薬が苦手な方は薬局で相談してみてくだ

さい。

注意してほしいのは、これらの薬は「風邪の症状をやわらげる薬」であって、風邪を治す薬ではない、ということです。ですから、これらの薬を飲んでも風邪が早く治るわけではありません。

また、市販（ＯＴＣ）の風邪薬（総合感冒薬）との違いですが、ペレックスで考えると、抗アレルギー成分（クロルフェニラミン）の１日量で比較するとＯＴＣよりも若干多いです。また、市販薬のほうが、成分の種類が多く、イブプロフェンのようにＰＬなどよりも後に開発・発売された成分を含む製品もあります。

ＰＬ顆粒は１９６２年２月、ペレックスは１９６７年９月に発売された薬です。古いのでプロファイル（薬の特性や効果）や安全性が確認されている薬、という見方もできますが、今ではＯＴＣのほうが新しい成分が入っている、というのも不思議なものですね。

2

咳《せき》止め薬

先発医薬品：ジヒドロコデインリン酸塩、アスベリン、メジコン、ホクナリン、エフェドリンなど
ジェネリック：デキストロメトルファン（メジコンの後発品）、ツロブテロール（ホクナリンの後発品）など

咳とは、気道に入った異物を取りのぞこうとして起きる身体の反応です。のどや気管に異物が入ると、脳の咳中枢に伝わり、咳が起きます（咳反射）。この咳反射を抑えることで、咳を止めるのが「中枢性」と呼ばれるコデインやアスベリン、メジコンなどの咳止め薬です。

コデインやジヒドロコデインは麻薬性であり、連用（続けて使うこと）により依存性や呼吸抑制（呼吸がしにくくなる）のおそれがあります。そのため、アスベリンやメジコンといった麻薬性ではない薬が開発されました。

ホクナリンテープやエフェドリンは、咳止めとして使われますが、気管支を拡張させる薬であり、アスベリンやメジコンのような中枢性の咳止め（鎮咳薬と言います）とは分類が異なります。

また、麻黄《まおう》という生薬の有効成分でもあるエフェドリンは、中枢神経を活発化させる副作用があり、不眠や発汗などの副作用があります。

病院でエフェドリンやコデインなどを処方される機会はそう多くはないですが、市販の咳止めシロップには両方含まれているものもあります。

短期間、本来の咳止め目的に使うのであれば問題ありませんが、連用・乱用しないよう注意が必要です。そのため、1回の販売量を一人1本に限定するなどの乱用防止策もとられています。

3

去《きょ》痰《たん》剤

先発医薬品：ビソルボン、ムコダイン、ムコソルバンなど
ジェネリック：ブロムヘキシン塩酸塩（ビソルボンの後発品）、カルボシステイン（ムコダインの後発品）、アンブロキソール塩酸塩（ムコソルバンの後発品）など

痰の切れをよくする薬です。

ビソルボンは、気道の分泌液を増加させるとともに、痰の繊維を細かくすることで痰を柔らかくし、気道粘膜の痰の排出を助けます。

ムコダインは、気道粘液を調整し、粘膜を正常化する作用があり、痰を出やすくします。

ムコソルバンは、肺や気道の分泌液を増加させ、粘膜表面の絨毛《じゅうもう》という動く

毛のようなものの動きを増やし、気道粘膜に痰がくっつきにくくすることで痰を出しやすくします。

痰を柔らかくする（粘度を下げる）か、気道にくっつきにくくして痰を出しやすくするか、気道粘膜を正常化するか、といったところでしょうか。

作用機序（効き方）が異なるので、一緒に使われることも多いです。

また、ムコダインとムコソルバンは痰だけでなく、慢性副鼻腔炎《まんせいふくびくうえん》の排膿（膿みを出す作用）にも使うことができ、痰だけでなく、鼻づまりのときにも処方されます。

なお、これらの薬には、非常に多くのジェネリックが存在しています。OTC薬にも配合されている成分でもあります。1967〜87年に発売された比較的古い薬であり、安全性が高いことがそれらの理由の一つとして考えられます。

4 のどの腫《は》れ

先発医薬品：トランサミン、解熱鎮痛薬（痛み止め）、イソジン・アズノール（うがい薬）、抗生物質など
ジェネリック：トラネキサム酸（トランサミンの後発品）、その他の薬もそれぞれに後発品あり

トランサミンは、いろいろな出血症状などに関係するプラスミンという酵素の働きを抑え、出血やアレルギー反応、炎症を抑える効果があります。のどが腫れて痛いときに処方される薬です。

一方、のどの痛みや炎症を抑えるために、痛み止め（解熱鎮痛薬）もよく処方されます。急性上気道炎の解熱・鎮痛という目的で使われます。のどに炎症が起きているときには熱が出ていることも多く、熱にも痛みにも効きます。

アズノールとその後発品であるアズレンスルホン酸ナトリウムや、イソジンガーグルとその後発品であるポビドンヨードのうがい薬ものどが腫れているときに処方されます。アズレンスルホン酸は炎症を抑える作用、イソジンガーグルは消毒・殺菌作用があります。

高熱が出て、細菌感染による喉の腫れと痛みがあるような場合には、抗生物質（抗菌薬）も使われます。

最後にトローチについて。本来は、口の中で徐々に溶かしたり崩したりさせて使う、口の中やのどに対して使う錠剤です。真ん中に穴が開いているのは窒息を防ぐためです。SPトローチは殺菌消毒薬が入ったトローチで、のどの腫れや痛み、口内炎や抜歯時の口の中の感染予防に対して使われます。

5
鼻水（アレルギー性鼻炎）の薬

先発医薬品：抗アレルギー薬、小青竜湯《しょうせいりゅうとう》、点鼻ステロイドなど
ジェネリック：抗アレルギー薬、点鼻薬など一部製品に後発品あり

ここで言う鼻水とは、花粉症のようなアレルギー性鼻炎や風邪のときなど、身体の防御反応として出る鼻水のことです。寒いときや熱いものを食べたときなどの体温調節のための一時的な鼻水ではありません。

抗アレルギー薬というのは文字どおり「アレルギー疾患に対して使う薬」です。身体の中で炎症やアレルギー反応が起きるときに出る、情報を伝える物質（ケミカルメディエーターと言います）を阻害することで、アレルギー反応が起きない

ようにします。

ケミカルメディエーターの発生を抑えたり、発生した細胞から出ていくのを抑えたり（遊離抑制）、受容体という受け取る側の受け皿の部分をふさぐことでアレルギー反応を抑えます。

錠剤やドライシロップ、カプセルのような内服薬だけでなく、点鼻液という鼻の穴にスプレーする薬もあります。

水っぽい鼻水や鼻づまりには、小青竜湯《しょうせいりゅうとう》という漢方が使われることもあります。

また、ステロイドも、炎症やアレルギーを抑える効果があります。副作用のリスクを減らすために、点鼻液が使われます。

6

解熱鎮痛薬

先発医薬品：ロキソニン、カロナール、ボルタレンなど
ジェネリック：ロブ・ロキソプロフェンNa（ロキソニンの後発品）、ダイスパス・ジクロフェナクNa（ボルタレンの後発品）など

痛み止め、熱冷まし、非ステロイド性抗炎症薬（NSAIDs）など、いろいろな言葉で呼ばれ、痛みがあるときや熱が出たときに使われる薬です。

カロナールの成分はアセトアミノフェンと言いますが、国際的にはパラセタモールとも呼ばれます。アセトアミノフェンは、安全性の高い薬です。胃への刺激が少ない、妊婦さんにも使われるといった特徴があります。

一方、他の痛み止めと比較すると、ほとんど抗炎症（炎症を抑える）効果があり

ません。ですから、ケガで腫れているときの痛みなどには、ロキソニンなど、抗炎症効果を持つ薬が出されることが多いのです。

また、アセトアミノフェンは先発医薬品・後発医薬品の区別がなされる前に発売された薬ですので、先発・後発の区別がありません。

痛み止めは、胃を荒らすことがありますので、胃がからっぽの状態で痛み止めを飲まないようにしましょう。食事の直後など、胃に食べ物が入った状態で飲むことをおすすめします。

本文中でも触れましたが、痛み止めは、今起きている痛みには効果がありません。痛みの元になる物質を抑えることで効果を発揮しているからです。そのため、痛みを感じたら、早めに薬を飲むことが、効果を十分に発揮するためには大切です。

7

胃薬

先発医薬品：セルベックス、ムコスタ、ガスター、ザンタック、タケプロンなど

ジェネリック：テプレノン（セルベックスの後発品）、レバミピド（ムコスタの後発品）、ファモチジン（ザンタックの後発品）、ランソプラゾール（タケプロンの後発品）など

胃薬には大きく分けて、胃の粘膜を保護する力を強める薬（防御因子増強薬）と、胃酸の分泌をコントロールすることで胃の粘膜への攻撃を弱める薬（攻撃因子抑制薬）があります。

セルベックス（エーザイ・テプレノン）やムコスタ（大塚製薬・レバミピド）は、胃の粘膜を保護する薬です。

胃酸分泌を抑える薬の主なものとして、ガスター（アステラス・ファモチジン）やザンタック（GSK・ラニチジン）など、H2ブロッカーと呼ばれる薬と、タケプロンやパリエットなど、プロトンポンプインヒビター（PPI）と呼ばれる薬があります。

簡単に言えば、胃酸を出すスイッチが押されるのを邪魔することで胃酸の量を減らすのがH2ブロッカー、胃酸を出す蛇口を直接止めるのがPPIです。

胃薬というと、古くは重曹や炭酸カルシウムなどの制酸剤から始まり、その後は防御因子製剤が広く使われていました。1980年代にH2ブロッカー、さらに1990年代にはPPIと、強い効果が持続する薬が登場したことで、強くて長い効果を期待できるようになり、治療もずいぶん様変わりしました。

実際、胃潰瘍はそれまでは手術で切り取って治すという、外科治療が中心でしたが、今ではPPIやH2ブロッカーによる治療が第一選択ですし、通常は薬で治る病気になっています。

8

睡眠導入剤（入眠剤）

先発医薬品：マイスリー、レンドルミン、デパスなど。
ジェネリック：ゾルピデム酒石酸塩（マイスリーの後発品）、ブロチゾラム（レンドルミンの後発品）、エチゾラム（デパスの後発品）

文字どおり、睡眠作用のある薬が睡眠導入剤です。よく「本当に安全なんですか？」と聞かれることがよくあります。「睡眠薬を多量に飲んで自殺を図る」というイメージが、いまだに根強いようですね。

「安全かどうか」と言う問いに対して、「副作用や依存」「一度に多量に飲んだ場合」の2つのリスクが存在します。

まず、「副作用や依存」についてです。身体が薬に慣れてしまって効かなくなる、薬がないと眠れなくなる、というおそれがありますが、個人差も大きいです。全員にあてはまるわけではありません。眠れないことで体の調子を損なうよりも、薬を飲んで十分な睡眠をとるほうが結果として良い場合が多いです。

薬を飲んで寝たあと、途中で起きたときのことを覚えていないことがあります（一過性前向性健忘と言います）。途中で起きる予定があるときには飲まない、お酒と一緒に飲まない、などの注意が必要です。

次に、「一度に多量に飲んだ場合」です。現在、主に使われるベンゾジアゼピン系、非ベンゾジアゼピン系を中心とした睡眠導入剤は、この「一度にたくさん飲む」ということについて、ほとんど問題はないとされています。

動物実験の結果を人間に当てはめて考えてみましょう。半数致死量（LD_{50}、半分の個体が死ぬ量）で数百錠から数千錠。とても飲める錠数ではありません。ちなみに処方薬の睡眠導入剤は、市販の睡眠導入剤とは成分がまったく異なります。

9 高血圧の薬

先発医薬品：ディオバン、ノルバスク、フルイトラン、レニベースなど。
ジェネリック：バルサルタン（ディオバンの後発品）、アムロジピン（ノルバスクの後発品）、トリクロルメチアジド（フルイトランの後発品）など

高血圧症は自覚症状がないため、患者さんが薬の効果を感じにくい病気と言えるでしょう。血圧を測ることで効果を目に見える形で確認したり、高血圧の治療が必要なことをわかってもらったりします。

高血圧の薬には、カルシウム（Ca）拮抗薬（きっこうやく）、アンジオテンシン変換酵素（ACE）阻害薬、アンジオテンシンII受容体拮抗薬（ARB）、利尿薬、

β遮断薬などと言われる種類の薬があります。呪文のような名前ですが、それぞれの種類の薬の血圧の下げ方がそのまま種類の名前になっています。

1つの薬で効果が十分でなければ、2つ、3つと複数の薬を組み合わせて使われることも多いです。医師の処方する薬は、1つの薬は1つの有効成分であることが基本ですが、最近の高血圧の薬は、最初からARBと利尿剤やCa拮抗剤が組み合わされた配合剤も使われます。

高血圧の薬を飲むのをやめることはできますか？と聞かれることも多いのですが、減量や運動、食生活を改善して、改善した状態が続けられて、その結果、血圧をコントロールできていれば不可能ではありません。

高血圧の治療は、血圧を下げて終わりではなく、血圧を適正な数値で維持することが目的です。ですので、薬を飲み続けるにしろ、薬をやめることができたにせよ、定期的なチェックが欠かせません。

10

糖尿病の薬

先発医薬品　：各種インスリン、ベイスン、スターシス、アクトス、ジャヌビア、スーグラなど。
ジェネリック：ボグリボース（ベイスンの後発品）、ナテグリニド（スターシスの後発品）など

糖尿病の薬というと「インスリン」が最初に浮かぶ方が多いのでしょうか。この10〜20年で、新しい作用機序（効き方）の薬がいくつも出てきています。

糖尿病とはインスリンの作用が十分でないためブドウ糖が有効に使われずに、血糖値が高くなってしまう病気のことです。

すい臓がインスリンを作ることができない1型と、すい臓が十分な量のインスリンを作ることができないか、作られたインスリンが十分な働きをしない2型に分けられます。

1型の人はインスリン注射が欠かせません。しかし、ほとんど（90%以上）は2型糖尿病であり、内服する糖尿病の薬は、2型糖尿病に使われています。

糖尿病の薬にはインスリンのほか、インスリンの分泌量を増やす薬や、インスリン抵抗性（分泌されたインスリンが十分に効果を発揮しない）を改善する薬、糖分の吸収を抑える薬などなど、いろいろな作用の仕方の薬があります。

「1回量とタイミング」を守って飲むことは、すべての薬において基本ですが、中でも糖尿病の薬は、量とタイミングがとても重要な薬がいくつかあります。

たとえば、インスリンは投与量とタイミングを間違えれば、低血糖になって倒れたり、高血糖が改善されなかったりと、大きな問題が起きます。

飲み薬でも、ベイスンやスターシスなど、「食直前」に飲むよう指示される薬があります。食事の5～10分前などと言われますが、食事が用意されている状態で食べ始める直前に飲むイメージです。

11

抗ヒスタミン薬（抗アレルギー薬）

先発医薬品：ザジテン、アレグラ、レスタミンコーワ、ネオレスタミンコーワ、タベジール、ポララミンなど

ジェネリック：ケトチフェンフマル酸（ザジテンの後発品）、フィキソフェナジン塩酸塩（アレグラの後発品）など

抗ヒスタミン薬は、花粉症やアレルギー性鼻炎、かゆみのある湿疹やじんましんなどに使われます。

ヒスタミンは、体内でアレルギー反応を起こすときに出る情報伝達物質（ケミカルメディエーター）の1つです。抗ヒスタミン薬とは、ヒスタミンの働きを妨げることで、アレルギー症状を抑える薬です。

抗ヒスタミン薬は、開発された時代と特徴により、最も古くからあり効果も強いが眠くなったり口がかわくなどの副作用がある第一世代と、眠気が少なく口のかわきも少ないが効果が出るまでに少し時間が必要な第二世代があります。

市販の風邪薬に入っている抗ヒスタミン薬は、クロルフェニラミン（ポララミンの成分）やクレマスチン（タベジールの成分）など、第一世代がほとんどです。

一方、スイッチOTC（処方せんが必要な薬の成分がOTCになったもの）として話題になったアレグラFX（久光製薬）や、2017年1月に発売されたクラリチンEX（大正製薬）は、第二世代の抗ヒスタミン薬です。

抗アレルギー薬というのは、先ほど「鼻水（アレルギー性鼻炎）」で説明したようにアレルギー疾患に対して使う薬全体を指します。

興味深いことに、抗アレルギー薬に含まれるのは第二世代の抗ヒスタミン薬のみで、第一世代は含まれません。

12

高脂血症（脂質異常症）の薬

先発医薬品：リピトール、リバロ、リポバス、ベザトール、エパデールなど。
ジェネリック：アトルバスタチン（リピトールの後発品）、シンバスタチン（リポバスの後発品）など

血液の中のコレステロールや中性脂肪（トリグリセリド）の片方または両方が増えてしまっている状態を高脂血症と言います。

ただ、血中のコレステロールは低ければ良いというものではありません。HDLコレステロール（善玉コレステロールなどと呼ばれることがあります）が低くても動脈硬化を起こすことがあるため、2007年より、高脂血症にHDLコレステロールが低い場合も含めた「脂質異常症」という言葉が使われるようになりました。

リピトール、リバロ、リポバスなどは、「スタチン」と呼ばれる、LDLコレステロール（悪玉コレステロールなどと言われます）を下げる働きをする薬です。ベザトールはフィブラート系と言われ、中性脂肪を低下させると同時に、HDLコレステロールを上げる働きがあります。

エパデールは高純度の魚油から作られた、日本独自の薬です。血液中の脂質を減らし、血液の固まりができるのを防いだり、血管の壁に付着するのを抑えます。

脂質異常症も自覚症状がないため、治療への意欲がわきにくく、薬を続けにくい病気です。しかし、脂質異常症の治療の目的は、動脈硬化の予防のためです。動脈硬化が進むと、脳の血管が詰まる脳卒中や、心臓の血管が詰まる心筋梗塞など、命に関わる事態になりかねません。やはり定期的なチェックが必要な病気です。

13

吐き気止め・下痢止めの薬

先発医薬品：ナウゼリン、プリンペラン、トラベルミン、ドラマミン。ロペミン、フェロベリン、ビオフェルミンなど

ジェネリック：ドンペリドン（ナウゼリンの後発品）、メトクロプラミド（プリンペランの後発品）、ロペラミド塩酸塩（ロペミンの後発品）など

吐き気止めには、風邪などで気持ちが悪いときに飲むナウゼリンなどのほか、乗り物酔いやメニエール症候群のめまいや吐き気に使うトラベルミンやドラマミンがあります。

また、その他、抗がん剤の副作用で起きる吐き気に対する薬があります。

ナウゼリンやプリンペランは、胃腸の調子が悪いことで起きる吐き気に効果があります。

一方、トラベルミンは、脳の吐き気を起こさせる部分の働きを抑えることで、吐き気を和らげます。

ロペミンやフェロベリンはいわゆる下痢止め（止瀉薬）です。

フェロベリンは腸の中を殺菌して下痢を止める薬です。

ビオフェルミンは、いわゆる乳酸菌製剤です。

ロペミンは腸が動くのを抑えることにより下痢止め効果を発揮します。ですので、細菌感染による下痢のときにロペミンを使ってしまうと、細菌が身体から排出されるのが遅くなり、かえって治りが悪くなってしまいます。

下痢止めを使うと、かえって病気の治りが遅くなる、と言われるのはこのためです。ですから逆に、細菌性ではない、ストレス性などの下痢には、下痢止めを使うことで改善されます。

14 骨粗しょう症の薬

先発医薬品：アルファロール、ボナロン、エビスタ、プラリア、テリボン、ボンビバなど
ジェネリック：アルファカルシードル（アルファロールの後発品）、アレンドロン酸（ボナロンの後発品）、ラロキシフェン塩酸塩（エビスタの後発品）など

正常な骨は、新しい骨ができる（骨形成）力と、古くなった骨が分解され壊れてカルシウムが溶けだす（骨吸収）力のバランスがとれています。このバランスが崩れ、骨の量（骨密度）が減ってしまうのが骨粗しょう症です。

骨粗しょう症の薬は、「新しい骨を作る（骨形成）」力を強めるか、「古い骨を分解する（骨吸収）」力を弱めるか、どちらかの方法で作用します。

新しい骨を作る力を強める薬が、アルファロールなどの活性型ビタミンD3製剤と、テリボン・フォルテオといったテリパラチド製剤です。

一方、それ以外の薬は、すべて骨吸収（骨が壊れてカルシウムが溶けだすこと）を弱める薬です。

骨粗しょう症の薬には、飲み薬と注射薬（点滴薬含む）があります。飲み薬は毎日飲むもの、毎週1回飲むもの、4週間に1回飲むものなど服薬のパターンもさまざまです。

注射薬も1週間に1回、1カ月に1回、半年に1回、1年に1回病院で打ってもらうもの、毎日自分でお腹に注射するものなど多種があります。

骨粗しょう症を完治させる薬は存在せず、いずれも進行を遅らせる薬です。

実は、骨折するまで骨粗しょう症の自覚症状はありません。そのため、治療効果の感じにくい領域でもあり、服薬してみて副作用が少なく、続けやすいタイミングで服薬できる薬を選ぶことがポイントです。

おわりに　薬を選ぶのは人生を選ぶということ

「健康じゃなければ幸せじゃないなんて、誰が決めたんですか?」

「薬のことがわからないから薬を選べないのではない。自分が今どう生きたいのかわからないから薬を選べないんです」

私が、薬についていつも言っていることです。


「薬を選ぶと言っても、医者にかかったときには、薬を選ぶのはお医者さんであって自分で選ぶものじゃないでしょう?」とよく言われます。

たしかに「この薬を使おう」と決めて処方するのは医師です。


しかし、「どういう状態になりたくてその薬を使うのか」ということを考えるとき、「なりたい状態」というのは、究極的には患者さんが決める問題です。

「なりたい状態」を選ぶことができて初めて、薬を選ぶことができるのです。

患者中心医療とは、なんでも患者さんの意志にまかせて決めさせるのではなく、「どうなりたいか」を患者さんが考え、医療者と共有し、その「なりたい状態」になるための医療をおこなうことだと私は考えています。

そういう意味でわかりやすい例は、末期がんの患者さんかもしれません。なぜなら、通常、医療は「病が回復する」方向に一直線に進めがちですが、末期がんの患者さんでは、治療が奏功する確率は低く、「治療して回復した状態」以外の状態を考えざるを得ないからです。

だから、末期がんの患者さんには「積極的治療をおこないますか？」「緩和ケアのみで過ごしますか？」などの選択肢が提示されます。

言い換えれば、「無駄になるかもしれない治療をして苦しむかもしれないけれど、少しでも延命している状態」がいいのか、「治療した場合に比べて生きている時間は短くなるけれど、できるだけおだやかな状態」で残りの時間を過ごしたいのかを患者さんに聞いているのです。

どちらがより価値ある時間や生き方だと思えるかは、患者さん次第です。正解はありません。

そしてこれは、がん患者さんに限ったことではありません。

医療を受けるすべての患者さんがどう生きたいか、どういう状態になりたいのかを、本来は自分で選択すべきなのではないでしょうか。

「そんなことを言っても、良くなりたい、回復したいに決まってるじゃないか」と思われるでしょう。特に一生懸命な医療関係者であるほど、「患者さんを助けたい」「元気になってほしい」という想いは強いはずです。

日本では医療は「お医者さんにおまかせ主義」でした。

素人である患者は余計なことを言わず、先生におまかせするほうがいい、そうすれば先生が治そうとしてくれる、という考えでずっと医療を続けてきました。

さらに、日本人は比較的似通った生活習慣や希望を持っていると言われる、同質性の高い国民です。医師の「こうなればいいんだろうな」というゴールと患者さんが思い描く治療のゴールが自然に一致していたことも想像がつきます。

一方、医師は占い師でもありませんし、患者さんの心が読めるわけでもありません。わずかな診療時間の中で、診察して診断した上で患者さんがどうなりたいかを聞き出すのは至難の業です。

すると、「きっとこの患者さんもとにかく早く元気になりたいんだろうな」「今の生活を守りたいんだろうな」という仮定のもと、治療を進めがちになります。

今まではほとんどの患者さんの「なりたい状態」も、「早く元気になって、元どおりの生活をする」だったわけですから、問題ありませんでした。

しかし、今はその「みんなが同じ背景や考えを持つ」時代ではなくなってきました。また、同じ人でも、年齢や状況によって「こういう生き方をしたい」という想いが多様になっていくことが増えました。

そうすると、「医師が診察して診断も的確で、その診断に対する薬を出していて実際に効果も出ているけれど、患者さんは希望とマッチせずに不満をつのらせる」という不幸な状況が生まれるようになってしまいました。

もう少し具体的に考えてみましょう。

今、人生のどんな時期ですか？

あなたは今、とにかく仕事が優先です！　という時期ですか？

それとも、健康第一でそのためには休みを取ることを優先できる時期ですか？

または、3か月後にこのプロジェクトが終わるまで、など期間限定で体調よりも優先すべきものがありますか？

こういう質問をすると、「健康より大事なものなんてありません！」と言われます。

その通りです。でも、そうでないときもあるからこそ、人は無理をして身体を壊すのです。

お父さんが家族を養うために徹夜もいとわない働き方をしていたり、シングルマザーが子育てをしながらオーバーワークをしていたり、と健康を第一に考えられない状況は、世の中にあふれています。

そこまでせっぱつまった状況でなくても、起業したばかりで今は多少無理をしてでも仕事に没頭したい、というときもあります。

もちろん無自覚に無理をするのは論外ですし、「本当に休めないのか？」と考えてみることは大事です。

しかしそれでも「今は仕事を優先したい」と本人が納得しているのであれば、そのために「今は薬やその他の対症療法で何とかしのぐ」という選択もあるでしょう。

一方、無理をする場合には「無理をする期間」を考えねばなりません。

人間はずっと無理はできません。遅かれ早かれ限界が来ます。

医療が必要な状態となったとき、すぐに休めるのか、本当に休めないのか、こ

の期間は休みたくないのかを自覚し選択することから治療が始まります。

その時期をどう乗り切りたいのか？

治療に専念するのか、治療よりも優先するものがあるのか、治療する際に条件があるのか、どんな手段で回復を目指すのかを考え、医師に各個人の希望を伝えながら相談します。

強い薬を飲んでもいいからこのプロジェクトの間だけはしのぎたい、とか最低限動けるくらいで構わないから、薬はできるかぎり減らしたい、等です。

患者さんから口を出されたくない、という医師は存在しますが、極端な話、どうしても自分の思う治療をしてもらえそうにないなら、病院を変える、という選択肢もあります。日本は患者が医師を選ぶことができるのですから。

医師には、「仕事は絶対続けたい」「どうしてもステロイドを使うのは嫌だ」

「他人に病気だと知られたくないので昼間に薬を飲まないですむようにしたい」など、「一番したいこと」や「一番嫌なこと」をおだやかに伝えてください。

患者さんの希望がわかるほうが治療方針が立てやすい、という医師もたくさんいます。そのうえで、どんな選択肢があるか、専門家としての意見を聞き、先生と一緒に治療を進めていけたら、あなたにとっては最良の治療です。

唯一正解の治療を探すのではなく、あなたにとって最良の治療を選ぶことが、大切です。

薬は、道具に過ぎません。とはいえ、人類の叡智が結集された道具です。

ですから、薬に人生を支配させるのではなく、便利な道具としてつきあっていってください。

薬を信頼して、安心して、納得して使ってください。

すべての人が、薬と良い関係になれますように。

関口詩乃

お医者さんからもらった薬がわかる本
その薬、ジェネリックでいいですか？

発行日　2017年　2月　25日　第1刷

Author　関口詩乃
Supervisor　芹澤良子
Reviewer　竹中孝行（株式会社バンブー）
Book Designer　小口翔平　上坊菜々子（tobufune）

Publication　株式会社ディスカヴァー・トゥエンティワン
〒102-0093　東京都千代田区平河町2-16-1 平河町森タワー11F
TEL　03-3237-8321（代表）　FAX　03-3237-8323
http://www.d21.co.jp

Publisher　干場弓子
Editor　石橋和佳

Marketing Group
Staff　小田孝文　井筒浩　千葉潤子　飯田智樹　佐藤昌幸　谷口奈緒美
西川なつか　古矢薫　原大士　蛯原昇　安永智洋　鍋田匠伴
榊原僚　佐竹祐哉　廣内悠理　梅本翔太　奥田千晶　田中姫菜
橋本莉奈　川島理　渡辺基志　庄司知世　谷中卓

Productive Group
Staff　藤田浩芳　千葉正幸　原典宏　林秀樹　三谷祐一　大山聡子
大竹朝子　堀部直人　井上慎平　林拓馬　塔下太朗　松石悠
木下智尋

E-Business Group
Staff　松原史与志　中澤泰宏　中村郁子　伊東佑真　牧野類　伊藤光太郎

Global & Public Relations Group
Staff　郭迪　田中亜紀　杉田彰子　倉田華　鄧佩妍　李瑋玲
イエン・サムハマ

Operations & Accounting Group
Staff　山中麻吏　吉澤道子　小関勝則　池田望　福永友紀

Assistant Staff　俵敬子　町田加奈子　丸山香織　小林里美　井澤徳子　藤井多穂子
藤井かおり　葛目美枝子　伊藤香　常徳すみ　鈴木洋子　板野千広
住田智佳子　竹内暁子　内山典子　石橋佐知子　谷岡美代子　伊藤由美

DTP & Proofreader　朝日メディアインターナショナル株式会社
Printing　株式会社シナノ

ISBN978-4-7993-2043-3　